Operações Secretas de Resistência na Segunda Guerra Mundial

CRÉDITOS DAS IMAGENS

Alamy: 8 (Paul Fearn), 10 (Shakeyjon), 14 (Interfoto), 28 (Pictorial Press), 27 e 28/29 (World History Archive), 31 (Pictorial Press), 32 (Trinity Mirror/Mirrorpix), 34 (Keystone Pictures, USA), 39 e 53 (Pictorial Press), 68 (Keystone Pictures, USA), 82 (War Archive), 84 (Trinity Mirror/Mirrorpix), 86 (Forget/Patrick/Sagaphoto.com), 87 (Serge Mouraret), 101 (Everett Collection), 113 (World History Archive), 117 (Artera Picture Library/Clement Philippe), 130 (United Archives/IFTN Cinema), 131 (Alpha Historica), 132 (Interfoto), 135 e 144 (World History Archive), 152 (Archive PL), 155 (Universal Images Archive), 156 (UtCon Collection), 157 (Agencja Fotograficzna Caro), 160 (Interfoto), 167 (Steve Tully), 171 (UtCon Collection), 172 (Granger Collection), 188 (Coleção de História Militar), 190 (World History Archive), 193 e 194 (Paul Fearn), 211 (Granger Collection), 221 (Walter Olesky), 222 (World History Archive), 224 (Everett Collection), 230 (Chronicle)

Art-Tech: 12 acima, 19, 74, 78, 228

Bridgeman Images: 121 (Tallandier)

Alcide Cervi: 215 (CC por SA 4.0)

Body Images: 11, 12 ao lado, 21, 22, 23, 45, 48, 71, 73, 77, 89, 90, 92, 94/95, 99, 102, 104-118 todas, 112, 140, 165, 180, 195, 209, 216, 218, 220, 225, 226, 232

Mary Evans Picture Library: 43 (Natural History Museum)

Getty Images: 6 (Archive Photos/Photo Quest), 9 (Popperfoto), 18 (Archive Photos/Photo Quest), 54 (SSPL/Bletchley Park Trust), 55 (Photo 12), 64 (Archive Photos/Photo Quest), 96 (Roger Viollet/Albert Harlingue), 98 (Roger Viollet/CAP), 110 (The Life Picture Collection/George Rodger), 114 (Bob Thomas), 118 (Hulton/Galeria Bilderwelt), 120 e 123 (Hulton), 126 (Hulton/Jack Esten), 136 (Hulton/Galerie Bilderwelt), 148 (Hulton), 150 (Ullstein bild), 151 (Picture Post), 154 (Universal Images Group), 158 (Popperfoto/Haynes Archive), 162 (Picture Post/Tim Gidal), 178 (Hulton/Topical Press Agency), 179 (AFP), 198 (Matt Carr), 199 e 200 (Ullstein bild), 201 (Universal Imagens Group/ Universal History Archive), 203 (Ullstein bild), (Universal Images Group/Photo 12), 210 (Corbis/Bettmann)

Getty Images/Gamma-Keystone: 83, 91, 103, 125, 146, 170, 174, 175, 206, 213, 219

Getty Images/Hulton-Keystone: 133, 180, 185, 186, 187, 191

Library of Congress: 67

Domínio público: 13, 25, 33, 36, 37, 40, 49, 50, 57, 58-59, 63, 65, 66, 85, 115, 124, 128, 138, 139, 176, 183, 196

Shutterstock/Everett Historical: 169, 173

US Departament of Defense: 17, 46, 50, 60, 62, 69, 76, 80, 153

ÍNDICE REMISSIVO 239

agentes, 132, 133, 145
ataques, 132
engelandvaarders,
  "Viajantes da
  Inglaterra", 133
Englandspiel, 132
Fundo de Suporte
  Nacional, 139
Grupo CKC, 143
Grupo CS6, 138-139
grupos, 128
Knokploegen, 137-138
Nijmegen, 142
Operação Market
  Garden, 141
queda de avião, 130
rota Dutch-Paris, 137
testemunhos, 130
Resistência italiana,
  207-215
armas, 209
Garibaldi *Cichero*,
  Divisão, 212-213
grupos, 208
libertação de Ravenna,
  211
Monte Battaglia, 212
Operação Husky, 207
OSS e, 215
represálias, 212
treinamento, 213
Trieste-Ljubljana,
  Estrada, 224
Resistência iugoslava
  221-222, 224
Resistência norueguesa,
  189-205
Grupo Osvald, 204
Milorg, 199-200
NORSO, 204
Operação Archery, 193
Operação Freshman,
  190
Operação Grouse, 191
Operação Gunnerside,

192
Operação Mardonius,
  197
Operação Rype, 204
represálias, 193
sabotagem, 200-202
Resistência polonesa
Armia Krajowa 149-
  156
Armia Ludowa, 152
Bataliony Chlopskie,
  153
Gwardia Ludowa,
  153-155
Lvov, revolta de, 149
NOW, organização,
  155
NSZ, 155
Operação Era, 150
Operação Julia, 149
Operação N, 155
Operação Tempest,
  149
SOE e, 157
Varsóvia, revolta de,
  150
Resistência romena, 217
Resistência russa, 227-
  229
Operação Barbarossa,
  164, 227
Operação Concert,
  229
Operação Suvorov,
  229
Resistência tcheca, 161-
  175
Ring, Daniel, 200
Ritter, *Obersleutnant*
  Nikolaus, 235
Roosevelt, Presidente
  Franklin D., 48
Rowden, Diana, 24,
  33-34
Rutland, Thomas, 119

Sansom, Odette, 24-26,
  34-35
SAS francês, 105
Schmith, Jorgen Haagen
  (Citronen), 182
Sebold, William, 234
Serviço Real Holandês
  Marinho e Aéreo, 133
Shetland Bus, 208
Sikorski, General
  Wladyslaw, 148
Skarbek, Krystyna
  (Christine Granville),
  25-26, 32
Skepper, Capitão
  Charles, 36
Sneum, Thomas
  Christian, 183-184
Sonsteby, Gunnar, 198
s-phones, 16
St. Nazaire, porto de,
  82-83
Stalin, 227
Starr, George (Hilaire),
  26
Sten Gun,
  submetralhadora, 12
Stephenson, William, 48
Stilwell, General Joseph
  "Vinegar Joe", 45, 79
Stonehouse, Brian, 24,
  25
Stuart, Sir Campbell, 8
Sudetenland, 239
Suttill, Major Francis,
  26-27, 30
Sykes, Eric, 13
Szabo, Violette (Louise),
  10, 38-40
T13 Beano, Granada, 58
Tailândia, 77
Tambour, irmãs, 27, 30
Tanguy, Henri (Coronel
  Rol), 101
Ten Boom, Corrie, 131

Thümmel, Paul (A-54),
  164, 166
Tito, 221, 223, 224
Tompkins, Peter, 72, 75
Traição, 115, 120, 174
treinamento com armas,
  12-14
Tulle, 103
Unidades Auxiliares, 9
Val ik, Josef, 168-171
Van Hall, Walraven, 139
Varsóvia, revolta de, 150
Vaticano, 72
Viajantes da Inglaterra,
  133
Vichy, França de, 14,
  24, 28, 65-66, 72, 81,
  89-93
Vildé, Boris, 83
Vitor Emmanuel, Rei, 73
Wake, Nancy, 37-38, 91
Wanborough, Mansão,
  11
Welrod, revolver, 12
Wendelen, André, 122-
  124
Westland Lysander,
  avião, 22
Westwall, 84
Wilhelmina, Rainha,
  127, 128, 145
Wolff, General, 76
Woodhouse, Major
  Chris, 219-220
X-2 (contraespionagem),
  51, 53
Yeo-Thomas, Forest
  Frederick Edward, 31

9 (MI9), 42
Inteligência Secreta (SI),
51
Interrogatório,
treinamento de
resistência a, 14
Japonês, alto
commando, 53
Joan-Eleanor, sistema
(J-E), 16, 59
Judeus
20º Comboio, 124
Dinamarca, 179
Holanda, 128-132,
137, 143
Noruega, 197, 200
Polônia, 148
Solução Final, 56,
163, 169
Kachin, povo, 50, 77-78
Kastein, Dr. Gerrit, 138
Khan, Noor Inayat, 36
kits de radio, 14, 132,
183
Koenig, General, 15, 100
Komorowski, General
Tadeusz, 149, 150
Kozielewski, Jan
(Karski), 157
Kubiš, Sargento Jan,
166-170
Kyaukpyu,
acampamento, 47
Langer, William, 56
Lauwers, Hubertus,
132-133
Lefort, Cecily, 25, 27
LeGrelle, Jacques
(Jerome), 116-117
Leigh, Vera (Simone),
24, 33
Leopold, Rei, 111
Liberation Nord, 85
Lidice, 173
Linha Gótica, 209-212
Livchitz, Youra, 124-125
Lvov, revolta de, 149
Macadam, Líder de
esquadrão J., 189
Maclean, Brigadeiro
Fitzroy, 223-225
Macpherson, Major
Thomas, 18-20
Maistriau, Robert, 124-
125
Manus, Max, 196-199
Maquis, 18, 20, 25,
37-39, 62, 64, 71,
89-99, 105-108
Bernard, 107

de Vercors, 94
Monte Gargan, 93
Monte Mouchet, 93
represálias, 97
sabotagem, 91, 96
SOE e, 91
suprimentos, 89,
95-96
Marks, Leo, 134
Marlin,
submetralhadora, 58
Masson, Jean, 116
Mihailovič, Dragoljub,
221
Milícia, 92, 93, 96-97
Military Intelligence
Research, 8
Millar, George (Emile),
20
Milton Hall, 18, 52, 61
Monte Gargan, 93
Moravec, František,
163-165
Motocicleta, 19
Moulin, Jean, 86-88
Moulton, Daniel, 119-
120
Movimento Nacional
Socialista Holandês,
132, 136
Movimento Unis de
Resistência (MUR), 86
Müller, General, 40
Multon, Jean, 88
Mussert, Anton, 139
Mussolini, Benito 72,
229, 230-233
Myers, Tenente-coronel
E. C. W. "Eddie",
219-220
National Centre for
Resistance and
Deportation, 87
National Support Fund
(NSF), 139
Natzweiler-Struthof,
campo de
concentração, 24-25,
33-35, 43
Neave, Capitão Airey,
42, 116-117
Nijmegen, 142
NKVD, 229
Norman, Gilbert
(Archambaud), 27, 30
Norsk Hydro, usina,
190-191
Norte da África, 70-72
Operação Anthropoid,
164-165, 168

armas, 165
represálias, 172-173
Silver A e Silver B,
167-168, 171
três reis, 164
UVOD, 162
Operações alemãs
Operação Eiche, 232
Operação Greif, 233
Operação Pastorius,
233
Operações Especiais
(SO), 51
Operações Morais
(MO), 53
Operações no Extremo
Oriente, 76
Organização da
Resistência Italiana
(ORI), 75
Oyonnax, 99
Patch, Tenente-general
Alexander, 62
Patton, General George,
55, 62, 70, 105
Pavone, General
Giuseppe, 75
Pesquisa de Inteligência
Militar (MIR), 8
Pétain, Marechal, 69,
81, 87
Petersen, Kjeld, 183
Pilecki, Witold, 155-157
plástico explosivo, 16
Plewman, Eliane (Gaby),
36
Polonês, exército, 147
Portugal, 34, 68, 133
Proust, plano, 65
Rádio Londres, 23, 104
Rádio Oranje, 128, 135
RAF, 11, 20, 22-23
base Ringway da, 11
comando costeiro
da, 49
Rebecca, Sistema, 74
Remy, Coronel, 83, 85
Renault, Gilbert
(Coronel Remy), 83,
85
Resistência albanesa,
217, 225
Resistência belga, 111-
125
20º Comboio, 124
Exército Secreto, 122
Grupo G, 122-123
114
jornais secretos, 119
Operação Marathon,

117-119
Rota Comet, 112
traição, 115, 120
trem fantasma, 124
Resistência búlgara,
217-219
Resistência
dinamarquesa, 177-
187
Borgerlige partisaner,
178
Clube Churchill, 182
Concílio Dinamarquês
da Liberdade, 179
Grupo Holger Danske,
182
Grupo Hvidsten, 180,
181
Operação Carthage,
186
operações secretas,
183
sabotagem, 184
Resistência dos Bálcãs,
217-224
Operação Harling,
219
Operação Ratweek,
222
Operação Schwarz,
223
Operação Torch, 219
Resistência francesa,
81-109, ver também
Maquis
armas, 101-102
FFI e, 100
Liberation Nord , 85
Milícia e, 92
Movimento Unis de
Resistência (MUR),
86
Operação Biting, 84
Operação Chariot,
83
Operação Frankton,
103
Operação Overlord,
15, 25, 150
Operação Vert, 104
origens da, 81
represálias, 85, 92,
97, 108
sabotagem, 104
SIS, 102-104
vitória, 109
Resistência grega, 207-
209
Resistência holandesa,
127-145

ÍNDICE REMISSIVO   237

Chetniks, 221-223
China, 44, 77
Chindits, 44
Churchill, Peter, 24-26, 31, 35
Churchill, Winston, 8, 26, 31, 44, 48, 68, 90, 113
Circuito Alliance e o Serviço Secreto de Inteligência (SIS),102, 105
Circuito Asymptote, 31
Circuito Autogiro, 21, 24
Circuito Castile, 84
Circuito Cohors, 86
Circuito Detective, 24
Circuito Donkeyman, 21, 25, 33
Circuito Inventor, 21, 33
Circuito Jockey, 21, 25, 27, 33
Circuito Juggler, 21, 35
Circuito Monk, 36
Circuito Prosper-Physician, 26
Circuito Spindle, 21, 24, 25, 35
Circuito Wheelwright, 26
Cockleshell Heroes, 103
Coelho Branco, 31
Colby, Bill, 61, 204
Comet, rota, 42, 112, 115-121
Comitê Francês de Libertação Nacional, 90
Companhia Independente Norueguesa, 190, 194,196
Conselho Nacional da Resistência (CNR), 87
Controlled Enemy Agents, 54
Creta, 40
Croce, Benedetto, 73, 75
Curda, Karel, 174-175
Darlan, Almirante 65-67
De Gaulle, General Charles, 81, 84-87, 100, 109
De Jonge, Ernest, 143-144
De Jongh, Andrée (Dédée), 113-116
De Jongh, Frederic, 120
demolição, técnicas de, 14

Déricourt, Henri, 29, 30
Deschamps, Hélène, 66
Descour, Coronel Marcel, 96
Destroyers em troca de Bases, acordo, 49
detonadora, caneta, 16
Detonadores, 57
Dia D, desembarques do, 95 10, 15, 19, 20, 25, 26, 56, 67, 91, 100, 103-104, 117, 122, 137
Divisão de Pesquisa e Análise (R&A), 56
Donovan, William "Wild Bill", 48-50, 56, 69, 78
Downes, Peter, 68, 72-73
Duckwitz, Georg Ferdinand, 179-180
Dufour, Jaques, 39
Dulles, Allen, 50, 64, 76
Dumont, Lily, 116-118
Dunquerque, 7, 24, 112
Duquesne, Círculo de Espionagem de, 234
Eddy, Coronel William, 69-72
Einsatzgruppen, 163
Eisenhower, General, 15, 72, 101
El Alamein, batalha de, 219
Englandspiel, 132
Equipe Jed Bruce, 61-62
Equipe Jed Chloroform, 64, 71
Equipe Jed Hugh, 17
Equipe Jed Quinine, 18-20
Equipes Jed na Holanda, 140-142
Escola Governamental de Códigos e Cifras (GC&CS), 54
Escoteiros holandeses, 140
Espanha, 33, 34, 43, 66-69, 113, 118, 137
Executiva de Operações Especiais (SOE), 7
agentes femininas, 32-40
Albânia, 225
armas, 12
circuitos, 21
Dinamarca, 183
dispositivos e

equipamentos de sabotagem, 16
Força-136, 41
França, 89, 91, 96, 105
Grécia, 217-225
Itália, 207-215
Iugoslávia, 221
Noruega, 189-205
Operação Character, 41
Operação Dragoon, 62
Operação Jedburgh, 15
Operação Overlord, 15, 25, 150
origem da, 7-8
OSS, 48
Polônia, 147-159
recrutamento, 9-10
seções, 8
sequestro do general alemão em Creta, 40
treinamento, 11
Exército Secreto (Bélgica), 122
Exército Secreto (França), 88
Fairbairn Sykes, faca de combate, 12
Fairbairn, William, 13
Falsificações, 10, 54-55, 57
Faurschou-Hviid, Bent (Flamen), 182
FBI, 47, 50, 234
Fermor, Major Patrick Leigh, 40
First Aid Nursing Yeomanry (FANY), 11, 27, 32, 38
Foguetes V1, 64
Força Aérea Americana, 74, 90, 107
Força Aérea dos Bálcãs, 222
Forças Francesas do Interior (FFI), 100
Forces Françaises de l'Intérieur, 100
Fortaleza Eben-Emael, 111
Fourcade, Marie-Madeleine (Hedgehog), 102-105
FP-45 *Liberator*, revolver, 58
França e OSS, 69-70
França Livre, 15, 18, 58, 69, 82, 85

França Livre, Agência Central de Informação e Ação (BCRA) da, 15, 31, 58, 93
Francês, exército, 85, 100, 127,
Franco, governo, 67
Frank, Anne, 129-130
Frankelman, Jean, 124-125
French Committee of National Liberation, 90
Frutos, 54
Fundo de Suporte Nacional, 139
Funkspiel, 122, 232
Gabčik, Suboficial-mor Jozef, 162-174
Goikoetxea, Florentino, 114-115
Greenwood, Capitão Erik, 222-223
Gubbins, Brigadeiro Colin, 8-9
Guérisse, Albert-Marie, 42-43
Guingouin, Georges, 90, 91, 93
gulags, 229
Gulovich, Maria, 66-67
Gwardia Ludowa, 151
Hall, Virginia (Diane), 65-66
Hayden, Sterling, 52
Hayes, Carlton J. H., 67
Hazelhoff, Erik, 144
Heydrich, Reinhard, 163, 169
Hi-Standard 22, revolver, 58
Hitler, Adolf, tentativa de assassinato de, 53
Hoare, *Sir* Samuel, 68
Holland, J. C. F., 8
Hollingworth, Comandante Ralph, 183
Hoover, Edgar, 50
Hoxna, Enver, 225
Hué, Andre (Hubert), 105-106
Infantaria de Enfermagem de Primeiros Socorros (FANY), 11, 27, 32-38
Inteligência Militar Seção

BIBLIOGRAFIA

Bailey, Roderick. *Forgotten Voices of the Secret War: An Inside History of Special Operations During the Second World War*. Londres: Ebury Press, 2008.

Cobb, Matthew. *The Resistance: The French Fight Against the Nazis*. Londres: Simon & Schuster, 2009.

Dear, Ian. *Sabotage and Subversion: The SOE and OSS at War*. Stroud: The History Press, 2010.

Dear, I. C. B.; Foot, M. R. D. *The Oxford Companion to World War II*. Oxford: Oxford University Press, 2014.

Eisner, Peter. *The Freedom Line: The Brave Men and Women Who Rescued Allied Airmen from the Nazis During World War II*. Nova York: William Morrow, 2004.

Foot, M. R. D. *SOE: An Outline History of the Special Operations Executive 1940-1946*. Londres: Pimlico, 2011.

Holmes, Richard; Singleton, Charles (ed.); Jones, Dr. Spencer (ed.). *The Oxford Companion to Military History*. Oxford, 2004

Irwin, Wyman W. *The Jedburghs: The Secret History of the Allied Special Forces*. França: Public Affairs, 1994; Nova York: Perseus, 2005.

Liptak, Eugene. *Office of Strategic Services 1942-45:*

The World War II Origins of the CIA. Londres: Bloomsbury Publishing, 2013.

Macdonald, Callum. *The Assassination of Reinhard Heydrich*. Edinburgh: Birlinn, 2007.

Marks, Leo. *Between Silk and Cyanide: A Code Maker's War 1941-45*. Stroud: The History Press, 2007.

Neave, Airey. *Saturday at MI9: The Classic Account of the WWII Allied Escape Organisation*. Barnsley: Pen & Sword, 2010.

Ottaway, Susan. *The Life That I Have*. Barnsley: Pen & Sword, 2002.

Stafford, David. *Secret Agent: The True Story of the Special Operations Executive*. Londres: Thistle Publishing, 2017.

Tudor, Malcolm. *Among the Italian Partisans: The Allied Contribution to the Resistance*. Stroud: Fonthill, 2017.

Wellsted, Ian. *SAS with the Maquis: In Action with the French Resistance June-September 1944*. Londres: Greenhill Books, 1994.

Wilkinson, Peter; Astley, Joan Bright. *Gubbins & SOE*. Barnsley: Pen & Sword, 2010.

Williamson, David G. *The Polish Underground 1939-1947*. Bransley: Pen & Sword, 2012.

ÍNDICE REMISSIVO

Aarhus, ataque aéreo em, 182
Abwehr, 25, 35, 54, 66, 123, 132, 166, 232-234
Achnacarry, 60, 61
Agência Central de Informação e Ação (BCRA), 15, 58, 85, 93
Agentes Controlados pelo Inimigo (CEAs), 54
Alblas, Aart, 132
Angleton, James, 56
Anschluss da Áustria, 161, 232
Arbiter, 56
Arisaig, 11, 13, 38
Armée Secrète (Exército

Secreto), 88, 122
Armia Krajowa, 149-156
armas, 151
Ascq, massacre de, 100
B-24 *Liberator*, avião, 64, 74
Badoglio, General Pietro, 207-208
Bálcãs, Pacto dos, 217
Ballester-Molina, revólver, 12
Barbie, Klaus, 86, 88, 103
Bardet, Roger, 62
Batalha do Bulge, 55, 233
BBC, 23, 24, 64, 81, 91, 95, 104, 113, 135, 180
Beaulieu, Mansão, 14
Begue, Goerges, 24

Bélgica, queda da, 111
Berding, Anthony, 56
Birmânia, 41, 44, 45, 77
Bletchley Park, 53
Blind, Georges, 28
Boldrini, Arrigo (Bulow), 211
Borrel, Andrée (Denise), 24, 27, 30
Bourgoin, Pierre-Louis, 106-107
Brandsma, Titus, 130-131
Brigada Belga Witte, 111
Broz, Josip (Tito), 221
Buckmaster, Coronel Maurice, 81
Cadorna, General Raffaele, 209
Caixas tubulares tipo

C, 60
caltrops (estrepes), 16
câmeras, 59
Cammaerts, Tenente-coronel Francis, 25, 26, 71
Carpetbaggers, 74
Cavailles, Jean, 85, 86
Ceilão, 41, 78
Centro de Operações Projeto Especial (SPOC), 70
Centro Nacional para Resistência e Deportação (CHRD), 87
Cervi, família, 215
Chancellor, unidade de sabotagem, 20
Cherokee, missão, 211

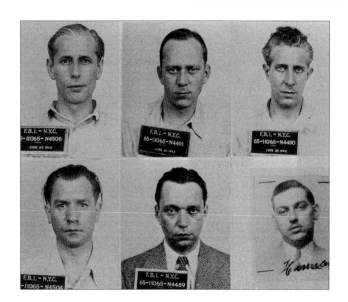

Ao lado: Membros capturados da Operação Pastorius. Da esquerda para a direita, no alto: George John Dasch, Geinrich Harm Heinck e Richard Quirin; embaixo: Werner Thiel, Ernest Peter Burger e Hermann Neubauer.

Mais tarde, em 17 de junho, outro *U-boot* enviou uma equipe parecida para a praia de Ponte Vedra, na Flórida. Quando o primeiro grupo de quatro homens liderados por George Dasch desembarcou, as coisas começaram a dar errado quase imediatamente.

Tendo acabado de enterrar seus equipamentos e uniformes na areia, foram surpreendidos por um oficial da guarda-costeira desarmado, John Cullen. Dasch imediatamente se aproximou dele, ameaçou-o e depois tentou suborná-lo. Cullen fingiu aceitar para conseguir sair dali e reportar o fato a seus superiores. Eles entraram em contato com o FBI e começou uma operação de busca nacional.

Em 4 de julho, as equipes da costa leste e oeste tinham um encontro em Cincinnati para coordenar suas operações. Nela, Dasch e o espião alemão-americano Ernest Burger concordaram em se entregar às autoridades americanas e encerrar a missão.

Em 19 de junho, Dasch foi ao quartel-general do FBI em Washington. Quando o FBI confirmou a história de Dasch, ele foi interrogado durante sete dias e deu informações sobre os outros sabotadores. Dentro de uma semana, todos foram presos e entre 8 de julho e 4 de agosto foram julgados perante uma comissão militar especial. Todos foram sentenciados à morte mas, ao apelarem, Dasch e Burger tiveram suas sentenças reduzidas, respectivamente, para trinta anos de prisão e prisão perpétua. Os alemães nunca mais tentaram outra operação como essa.

vários agentes em uma série de sabotagens a longo prazo contra a indústria americana e pontos importantes, como pontes. O objetivo era prejudicar a economia de guerra americana e lançar dúvidas sobre a guerra.

Em 13 de junho, o *U-boot* U-202 enviou quatro homens para uma praia próxima a Amagansett, Long Island (EUA). Usando uniformes alemães, eles levavam suprimentos de explosivos, *primers* e incendiários.

O CÍRCULO DE ESPIONAGEM DE DUQUESNE

ESTE FOI O MAIOR círculo de espionagem da história dos Estados Unidos. A conclusão do caso Círculo de Espionagem Duquesne resultou em trezentos anos de prisão para os 33 espiões culpados. Os três principais envolvidos no caso foram o *oberstleutnant* Nikolaus Ritter, da *Abwehr*, Frederick Joubert Duquesne e William Sebold. Ritter era responsável por liderar agentes em países inimigos. Duquesne lutara contra os britânicos durante a Primeira Guerra Mundial e sabotara navios mercantes britânicos. William Sebold era um alemão que se naturalizou americano em 1936.

Visitando a Alemanha a negócios, Sebold foi abordado por membros da Gestapo e por Ritter e coagido a trabalhar como agente contra os Estados Unidos. No entanto, assim que possível, Sebold informou o FBI e se ofereceu para trabalhar como agente duplo. Quando retornou aos Estados Unidos, os agentes do FBI o ajudaram a criar uma falsa identidade e lhe deram um escritório onde poderia se reunir com agentes alemães trabalhando nos Estados Unidos. Ele recebeu também um agente especial, James Ellsworth, para acompanhá-lo em segredo e ajudá-lo quando necessário. Sob instruções de Ritter, Sebold entrou em contato com Duquesne, primeiro no escritório de Duquesne, depois no seu. O escritório de Sebold fora montado pelo FBI com dispositivos de escuta e um espelho duplo, para que pudessem registrar e filmar as conversas. Duquesne revelou informações sobre suas atividades de espionagem, incluindo planos para uma nova bomba sendo construída nos Estados Unidos e planos de sabotagem para causar perturbação e confusão.

Em maio de 1940, o FBI montou uma estação de rádio de ondas curtas em Long Island, pela qual poderiam enviar mensagens para a *Abwehr* na Alemanha fingindo ser Sebold. Foram enviadas mais de trezentas mensagens para a Alemanha e recebidas mais de duzentas respostas. Quando o FBI acumulou toda a evidência necessária, 33 suspeitos foram presos e sentenciados em 2 de janeiro de 1942.

decolou de uma base aérea próxima a Roma e pousou exatamente uma hora depois no campo ao lado do hotel. O resto dos planadores também pousou, enquanto Skorzeny adentrava o edifício. Os duzentos *carabinieri* italianos decidiram não atacar as forças combinadas da SS e *Fliegerkorps* e Mussolini foi escoltado até uma aeronave *spotter* Storch, que o levou para Roma e depois até Berlim.

OPERAÇÃO GREIF

A Batalha das Ardenas, ou Batalha do Bulge, foi o último grande ataque alemão na Segunda Guerra Mundial. Planejado por Hitler, foi um ataque audacioso, porém fadado ao fracasso. O objetivo era fazer um grande avanço em direção ao porto vital de Antuérpia com três exércitos liderados pelo general Model, eliminar a principal rota de suprimentos dos Aliados, dividir as forças aliadas e negociar um armistício.

Com o codinome "Operação Vigília sobre o Reno", para dar a impressão de que era uma operação defensiva, o ataque foi lançado em 16 de dezembro, quando o clima desfavorável impediu que as forças aéreas aliadas intervissem. Para aumentar a confusão entre os Aliados, Hitler convocou Otto Skorzeny para montar uma falsa operação entre as fileiras inimigas. Foram selecionados soldados alemães que falassem bem inglês. Eles usariam uniformes americanos e dirigiriam veículos do exército americano. Sua missão era destruir depósitos de munição e outros suprimentos, interromper as comunicações e causar confusão alterando sinalização das estradas e removendo avisos de campos minados.

Os soldados alemães disfarçados começaram a se infiltrar no exército aliado e a princípio foram bem-sucedidos, enviaram unidades americanas na direção errada e causaram confusão. Os americanos perceberam que havia intrusos alemães entre eles, o que causou desconfiança entre as diferentes unidades americanas. Pontos de checagem foram montados com perguntas que só americanos saberiam responder, como nomes de times de beisebol. Os pontos de checagem levaram à captura de vários soldados da Operação Greif. Por estarem usando uniformes americanos e, portanto, terem quebrado as leis de guerra, foram imediatamente executados.

OPERAÇÃO PASTORIUS

Em 1942, a *Abwehr* organizou uma ousada e ambiciosa operação de sabotagem contra os Estados Unidos. Chamada Operação Pastorius, envolveu

A *Abteilung II* foi bem-sucedida em criar o ambiente propício para a *Anschluss* na Áustria, perturbações em Sudetenland que permitiram à Alemanha contornar as excelentes fortificações tchecas, e o incidente envolvendo ataque a um posto de guarda alemão por supostos oficiais poloneses que deram à Alemanha uma desculpa para a invasão.

As realizações da *Abteilung III* incluíram o *funkspiel* (guerra de rádios) entre a Holanda e a Grã-Bretanha, liderado pelo tenente-coronel Hermann Giskes. Registros dos agentes da SOE foram apreendidos e toneladas de armas, munições e suprimentos britânicos caíram nas mãos alemãs até que os próprios alemães decidiram terminar o jogo.

OPERAÇÃO EICHE

Depois que o primeiro-ministro Benito Mussolini foi derrubado e preso em julho de 1943, ele foi levado para um hotel em Gran Sasso d´Italia, nas montanhas de Abruzzi. Isso enfureceu Hitler e ele ordenou uma operação para resgatar Mussolini. A missão foi inicialmente confiada ao comandante das *Fliegerkorps,* Kurt Student, mas Heinrich Himmler sugeriu que o comandante das *Friedenthal Jagdverband (*Tropas de caça Friedenthal), Otto Skorzeny, participasse do resgate.

Apesar das tensões entre os lados *Luftwaffe* e SS da operação, ela foi organizada em bem pouco tempo. O plano era pousar planadores no planalto próximo ao hotel com uma equipe de apoio chegando pela estrada para controlar a entrada e saída dos bondes.

Em 12 de setembro de 1943, a equipe em campo chegou ao terminal dos bondes e lutou contra os guardas italianos *carabinieri*. Às 13:05 h, a primeira equipe de planadores

Abaixo: Em Gran Sasso, Benito Mussolini é conduzido a uma aeronave Fieseler Storch depois de seu resgate pelas forças de elite alemãs, em 12 de setembro de 1943.

13

ALEMANHA

A Inteligência e as operações especiais alemãs estavam divididas entre exército, aeronáutica e marinha, além da SS. A seção de *code-breaking* alemã estava a cargo do *Chiffrierabteilung-OKW/Chi*, liderado por Wilhelm Fenner.

ABWEHR – agência de Inteligência e contraInteligência militar alemã – atuou de diversas maneiras durante a Segunda Guerra Mundial. Apesar de nunca ter realizado grandes descobertas como seus equivalentes britânicos e americanos, alguns departamentos obtiveram certo sucesso. A *Abwehr* tinha cinco departamentos: o *Amtsgruppe Ausland* para Inteligência não secreta e informações de auxiliares militares, a *Abteilung Z* para administração, a *Abteilung I* para espionagem, a *Abteilung II* para sabotagem e subversão, e a *Abteilung III* para contraespionagem.

Página ao lado: Dois soldados da SS, do comando de Otto Skorzeny, são detidos pela polícia militar do Exército Americano após terem sido pegos usando uniformes americanos na Batalha das Ardenas, em dezembro de 1944.

A *Abteilung I* falhou em sua prioridade óbvia – invadir o Reino Unido e os Estados Unidos infiltrando agentes e combatendo inovações criptográficas anglo-americanas, como o decodificador Ultra. Os agentes enviados para a Inglaterra foram capturados ou começaram a trabalhar como agentes duplos.

ampla variedade de explosivos e minas. Os trabalhadores ferroviários russos também estavam acostumados a sabotar locomotivas.

OPERAÇÃO CONCERT

No verão de 1943, os alemães já estavam reportando a extensão dos incidentes de sabotagem de trilhos, que aumentara 25% em relação ao mês anterior, totalizando 1.392 ataques. Em 19 de setembro de 1943, o ataque às comunicações ferroviárias aumentou exponencialmente em coordenação com a Operação Suvorov, uma grande ofensiva na região de Smolensk e Bryansk. Os ataques dos *partisan*s ao sistema ferroviário tiveram efeito desastroso no abastecimento de armas e suprimentos alemães, bem no momento em que tiveram de lidar com os maiores ataques soviéticos.

Os ataques dos *partisan*s não se limitavam às ferrovias. Em áreas florestais, os *partisan*s faziam bloqueios de estradas com troncos de árvores em curvas para os comboios de veículos alemães. Quando os veículos do comboio tentavam dar a volta, os *partisan*s atiravam de posições ocultas. Às vezes, outro bloqueio era colocado na retaguarda do comboio para formar uma armadilha.

NARODNYI KOMISSARIAT VNUTRENNIKH (COMISSARIADO PARA ASSUNTOS INTERNOS), NKVD

LIDERADO POR L. P. BERIA, o NKVD era um dos principais pilares do poder soviético. Com grande quantidade de agentes, tropas de fronteira, tropas contra revoltas e unidades de comunicação, o NKVD tinha mais de 53 divisões. Suas tropas de fronteira e operações contra revoltas estavam diretamente ligadas às operações de *partisan*s. As tropas de fronteiras do NKVD tinham a missão de atacar pequenos destacamentos e rastrear agentes inimigos, além de serem responsáveis por manter a comunicação.

O NKVD também transportava aqueles que considerassem prisioneiros indesejáveis até os campos de trabalho, conhecidos como *gulags*. Entre essas pessoas estavam aquelas consideradas particular ameaça para a ideologia comunista soviética, como a classe oficial. Um exemplo foi o massacre de oficiais poloneses em Katyn. A inteligência militar externa era trabalho do GRU, supervisionada pelo NKVD. O NKVD e o NKGB também infiltraram agentes nos serviços de Inteligência e operações especiais estrangeiros, inclusive na MI6 [americana].

Acima: *Partisans* russos colocam explosivos em trilhos ferroviários. A sabotagem de trilhos afetava drasticamente os suprimentos e reforços alemães.

de soldados soviéticos que perderam suas unidades no avanço alemão. Alguns dos mais fortes estavam nas florestas próximas a Bryansk e constituíam uma formidável ameaça às unidades alemãs na região. Os *partisans* fizeram ataques regulares a estradas e ferrovias que, por serem longas, eram difíceis de ser vigiadas pelos alemães.

Quando os alemães tentavam reparar as ferrovias, corriam sérios riscos de um ataque *partisan*. Uma unidade alemã de reparo de ferrovias perto de Bryansk, por exemplo, foi completamente eliminada pelos *partisans*. Depois disso, devido à dificuldade de encontrar tropas suficientes para prover segurança, os alemães desistiram de tentar fazer reparos a menos que houvesse uma unidade de combate disponível para proteger a equipe de reparos.

Quando a organização de *partisans* ficou mais sofisticada e eficiente, suprimentos constantes, ordens e informações eram enviadas por aeronaves. O volume de suprimentos aéreos aumentou gradativamente e geralmente a entrega era à noite. Os aviões pousavam em áreas remotas ou enviavam por paraquedas suprimentos, armas, munições e explosivos. Assim como em outros aspectos de defesa da União Soviética, os russos foram favorecidos pela vastidão da área, que tornava relativamente fácil construir pistas de pouso sem medo de serem capturados, e comunicar-se por rádio sem medo de serem interceptados.

Liderados pelo marechal Kubik e por generais russos, os *partisans* aderiram cada vez mais à coordenação de seus movimentos com manobras militares convencionais. Grupos de *partisans* se moviam para áreas estratégicas prontos para agir em colaboração com a ofensiva soviética prestes a acontecer. Devido às duras condições climáticas e à dificuldade de mover veículos com rodas em locais lamacentos ou com neve, o transporte sobre trilhos era de extrema importância para os alemães. Os soviéticos sabiam disso e tornaram prioridade o ataque aos trilhos com

12

União Soviética

Em 22 de junho de 1941 começou a Operação Barbarossa, codinome da invasão alemã à União Soviética. Apesar de ter sido a maior invasão territorial da história, envolvendo cerca de quatro milhões de tropas do Eixo e seiscentos mil veículos, os soviéticos foram pegos de surpresa.

ISSO OCORREU, em parte, pelo fato de que Stalin assumira uma postura negacionista em relação às intenções alemãs e ninguém ousava contradizê-lo. Independentemente das falhas da Inteligência soviética, no final a invasão alemã, assim como a da França, em 24 de junho de 1812, foi superada pelo enorme tamanho da Rússia, com seu inverno intenso e sua tática da terra arrasada.

Ao lado: Jovens e idosos se unem contra o invasor alemão. Aqui, dois *partisans* russos estão armados com rifles M1891 Mosin-Nagant.

Partisans

Após o primeiro momento de choque da invasão alemã, começaram a surgir grupos de *partisan*s em áreas remotas, como florestas. O alto comando soviético já tinha preparado um plano para os *partisan*s. Eles eram particularmente úteis para interromper as comunicações e os suprimentos alemães. Comandantes seniores foram enviados para unir os *partisan*s em grupos maiores com objetivos táticos e estratégicos mais claros. As unidades de *partisan*s geralmente eram compostas de grande proporção

ALBÂNIA

A Resistência na Albânia depois da invasão italiana de 1939 começou a surgir no início da derrota italiana na Grécia. O Partido Comunista Albanês foi formado sob a liderança de Enver Hoxna e se tornou o núcleo do principal movimento de Resistência no país. As guerrilhas foram fortalecidas pelos soldados albaneses que desertaram das unidades militares italianas, para as quais foram forçados a trabalhar. Em julho de 1943, o Exército de Libertação Nacional (NLM) foi estabelecido, tendo Enver Hoxna como seu líder político e Spiro Moisiu como comandante militar.

Depois do armistício da Itália e do colapso de Mussolini, a Resistência albanesa expulsou as forças ocupantes italianas e assumiu o controle de grande parte do país. Os alemães, porém, ficaram no controle dos portos e de edifícios importantes que poderiam ser úteis para os Aliados e, em 8 de setembro de 1943, ocuparam todo o país. Em 17 de abril de 1943, o tenente-coronel Billy MacLean e o major David Smiley foram da Grécia até a Albânia. Junto com o oficial de ligação britânico capitão Julian Amery, eles ficaram conhecidos como Os Três Mosqueteiros.

A SOE organizou envios de suprimentos para o NLM. Mais tarde, essa equipe da SOE foi substituída pelo brigadeiro Edmund Davies e pelo coronel Arthur Nicholls. Durante uma varredura alemã contra as guerrilhas, Davies foi ferido por um morteiro e capturado, enquanto Nicholls liderava as guerrilhas em segurança até as montanhas, onde mais tarde morreu por causa dessa exposição. Davies foi enviado para o campo de concentração de Mauthausen, mas conseguiu convencer seus captores a transferi--lo para o ambiente mais civilizado de Colditz.

Abaixo: *Partisans* albaneses estudam as posições alemãs em um mapa.

Acima: Milícia croata e muçulmanos lutaram ao lado das forças do Eixo contra os *partisans* de Tito. Estão armados com uma metralhadora pesada Breda M37 e um rifle Gewehr 98.

o Escritório do Exterior e a SOE no Cairo. Tendo acesso à Iugoslávia, ao quartel-general aliado em Bari e à Conferência Aliada em Marrakesh, Maclean levou cartas pessoais de Churchill a Tito expressando seu apoio. Apesar do crescente entusiasmo britânico e do apoio dado aos *partisans*, o sentimento não era recíproco. Tito via os britânicos com desconfiança e o movimento *partisan* era apenas um meio militar para um fim político comunista.

Uma operação dos *partisans* a pedido do 15º Quartel-general do Exército Aliado foi a sabotagem do viaduto da ferrovia Trieste-Ljubljana. A ferrovia era uma importante linha de suprimentos para as forças alemãs na Itália. A missão requeria grande quantidade de explosivos e o viaduto estava bem protegido. Os *partisans* conseguiram chegar ao viaduto superando intensa oposição e mantiveram o inimigo longe tempo suficiente para que os explosivos fossem colocados. A ponte foi destruída e os *partisans* foram embora.

de suprimentos e *kits* de rádio. Greenwood se encontrou com os Chetniks para planejar operações contra os ocupantes alemães. No entanto, ele logo descobriu que seria uma tarefa árdua. Greenwood queria atacar uma mina de cobre e interromper o fluxo de suprimentos rio Danúbio abaixo. Porém, com medo de represálias, os Chetniks estavam relutantes em se envolver.

> OS CHETNIKS ESTAVAM MAIS INTERESSADOS EM USAR AS ARMAS DOS ALIADOS PARA COMBATER OS *PARTISANS* COMUNISTAS.

Greenwood também percebeu o nível de antipatia que os Chetniks tinham pelos *partisan*s, não apenas por serem comunistas, mas porque a maioria era croata. Para piorar, os *partisan*s croatas também eram predominantemente católicos, ao passo que os sérvios Chetniks eram principalmente ortodoxos.

Apesar da hesitação dos Chetniks, Greenwood conseguiu executar o plano Danúbio. Quando alguns rebocadores desceram o rio puxando barcaças, Greenwood e sua equipe abriram fogo contra eles fazendo-os fugir para terra e deixarem as barcaças à deriva, bloqueando o rio. Depois dessa operação, as represálias alemãs foram brutais, como de costume: cem reféns foram fuzilados em Belgrado.

APROXIMANDO-SE DOS *PARTISANS*

Em 27 de maio de 1943, o coronel William Deakin e outros cinco foram enviados de paraquedas para Montenegro, a fim de se encontrar com os *partisan*s de Tito e fazer a primeira avaliação formal de seu potencial como aliados. Porém, Deakin e seus homens foram pegos na Operação Schwarz, uma tentativa alemã de eliminar todos os *partisan*s, e ele e Tito foram feridos por estilhaços da mesma bomba alemã. Os relatos de Deakin ao quartel-general foram favoráveis e levaram a outra missão.

Em setembro de 1943, o brigadeiro Fitzroy Maclean também foi enviado para se encontrar com Tito e os *partisan*s e enviou relatos positivos sobre suas habilidades e potencial. A linha de comando de Maclean ia direto ao quartel-general dos Aliados, em vez de passar pelo quartel-general da SOE no Cairo, e ele se tornou um catalisador do esforço entre

1942, o coronel Bill Bailey foi enviado para a Iugoslávia para se encontrar com Mihailovič. A essa altura, estava ficando claro que os Chetniks estavam mais interessados em usar as armas e suprimentos dos Aliados para combater os *partisan*s comunistas do que para combater os alemães. Quando a confiança nos Chetniks decaiu, os britânicos decidiram enviar uma missão aos *partisan*s comunistas.

Em 18 de abril de 1943, o capitão Erik Greenwood da SOE e outros dois agentes foram enviados de paraquedas para a Iugoslávia, com caixas

A FORÇA AÉREA DOS BÁLCÃS (BAF)

Com base em Bari, na costa adriática do sul da Itália, a Balkan Air Force (Força Aérea dos Bálcãs) tinha oito esquadrões liderados pelo vice-marechal do ar W. Elliot. A princípio, a BAF voava em operações dos *partisan*s iugoslavos e italianos, dos grupos de Resistência gregos e albaneses, da SOE e do OSS ao longo dos Bálcãs, Polônia e sudeste da Europa.

Sendo uma unidade multifuncional com pilotos de oito países (Itália, Polônia, Iugoslávia, Grécia, África do Sul, União Soviética, Estados Unidos e Reino Unido), a BAF operava cerca de quinze tipos diferentes de aeronaves, como Spitfires, Hurricanes, B-24 Liberators, DC-3 Dakotas e caças Yakovlev. Entre junho de 1944 e maio de 1945, a BAF fez mais de 38 mil voos, entregou mais de 16 mil toneladas de suprimentos e mais de seis mil toneladas de bombas.

A partir de 1º de setembro de 1944, a BAF executou a Operação Ratweek, que visava, junto com os *partisan*s, impedir todos os movimentos de forças alemãs na Iugoslávia.

Ao lado: Um Martin B-26 Marauder da Força Aérea Sul-Africana/Força Aérea dos Bálcãs lança foguetes em alvos do Eixo na Iugoslávia.

delas, eram mortos ou fugiam. Enquanto isso, a equipe de explosivos chegou ao rio atravessando uma ponte de madeira, com cuidado para não deixar as mulas com explosivos caírem no rio. A equipe liderada por Barnes começou a colocar os explosivos nas vigas da ponte e, tendo feito isso, todos procuraram cobertura e o pavio foi aceso. Duas partes da ponte caíram desfiladeiro abaixo e a equipe continuou a destruir as partes que sobraram. Os italianos responderam ao ataque a seus homens vingando cada morte de soldado italiano com a morte de um morador local.

Em uma operação posterior, uma equipe da SOE agindo por conta própria destruiu um viaduto em Asopos na noite de 24 de junho. Eles se aproximaram da ponte por um desfiladeiro tão íngreme que os alemães não tinham um posto de guarda ali. Apesar da forte presença alemã dos dois lados da ponte, os explosivos foram corretamente colocados e a ponte foi explodida.

Acima: Dragoljub Mihailovič, líder dos Yugoslav Cetniks, era visto pelos Aliados como menos ativo contra a ocupação do Eixo do que o marechal Tito e seus *partisans*.

IUGOSLÁVIA

Na Iugoslávia, os dois principais movimentos de Resistência eram os realistas Chetniks, comandados por Dragoljub "Draža" Mihailovič, e os *partisan*s comunistas, liderados por Josip Broz, conhecido como Tito. A ênfase dos Chetniks era treinar uma força que ficaria à espera para ser totalmente mobilizada quando os exércitos Aliados chegassem para libertar a Iugoslávia. Já o objetivo dos *partisan*s era incomodar os alemães constantemente a cada oportunidade.

Inicialmente, as missões da SOE na Iugoslávia visavam especialmente os Chetniks. Uma das primeiras equipes, liderada pelo tenente-coronel D. T. Hudson, foi enviada por submarino com três iugoslavos – os majores Ostojič, Lalatovič e Dragičevič – e dois *kits* de rádio. Em dezembro de

tarde se uniu a eles Aris Velouchiotis, líder das guerrilhas ELAS. Velouchiotis desconfiava dos britânicos, que ele considerava imperialistas e capitalistas, mas estava preparado para colocar seu desafeto de lado a fim de se envolver no que parecia ser uma operação importante. Woodhouse se viu mediando a óbvia tensão entre as duas facções a fim de mantê-los focados no objetivo. Quando ambos chegaram a um acordo, a equipe da SOE distribuiu armas, submetralhadoras Sten e granadas, e deu treinamento sobre como usá-las.

Em 23 de novembro, a equipe conjunta de guerrilhas e agentes da SOE reuniram seu equipamento em mulas e partiram para o ponto inicial da missão, que ficava a cerca de meio dia de viagem dali. O comandante da SOE, Eddie Myers, alocou duas equipes de guerrilhas para atacar os postos de guarda italianos de cada lado da ponte; dois grupos para impedir reforços italianos que pudessem ser enviados dos dois lados da linha e outro grupo para fazer o mesmo na estrada próxima. O major Tom Barnes, natural da Nova Zelândia, lideraria a equipe de demolição. O restante das forças ficaria a postos para intervir onde fosse necessário, sob as ordens dos comandantes da SOE e das guerrilhas.

A equipe conjunta de SOE e guerrilha deixou sua base avançada às 10 horas da noite de 25 de novembro, descendo a encosta da montanha até o vale com cuidado, no frio e no escuro. Quando já estavam posicionados e um trem passou, o ataque às casamatas começou. Quando os soldados italianos saíam

Abaixo: *Partisans* gregos com mulas de carga, usadas para transportar explosivos, munição e suprimentos enviados pelos Aliados.

a atrocidades cometidas pelas forças invasoras búlgaras, o Grupo de Defensores do Norte da Grécia (YVE).

OPERAÇÃO HARLING

Antes que a rivalidade ELAS-EDES aumentasse, a SOE conseguiu fazer os dois grupos trabalharem juntos em uma espetacular operação de sabotagem: a destruição da ponte ferroviária Gorgopotamos, em Lamia, no centro-sul da Grécia. A Operação Harling foi idealizada no quartel-general de Montgomery, no Norte da África, onde estavam sendo planejadas a Operação Torch e, especialmente, a Batalha de El Alamein. Os britânicos queriam cortar – pelo menos temporariamente – o suprimento de reforços alemães para o Norte da África via Grécia.

Quando a hora chegou, as duas operações não coincidiram, pois levaria muito tempo para organizar a sabotagem antes da Batalha de El Alamein, em 23 de outubro. Em 1º de outubro de 1942, uma equipe da SOE liderada pelo tenente-coronel E. C. W. "Eddie" Myers e pelo major Chris Woodhouse foi enviada para perto de Delphi por bombardeiros B-24 *Liberators*. Mais quatro agentes foram enviados para outra área, a fim de que a missão não ficasse comprometida se uma das equipes fosse capturada. As caixas de suprimentos também foram enviadas separadamente. Havia 86 homens *partisans* do ELAS e 52 da EDES. A missão das guerrilhas era cortar as comunicações e neutralizar a guarnição italiana próxima dali.

Nas colinas do Monte Giona, a equipe da SOE encontrou uma caverna de onde partiu para fazer contato com os líderes da guerrilha. O major Woodhouse encontrou o coronel Zervas, líder da EDES, no noroeste da Grécia, e mais

Abaixo: Padre ortodoxo posa com *partisans* gregos durante o esforço contra a ocupação alemã.

Acima: *Partisans* gregos marcham por terreno montanhoso.

desafios para as equipes de operações especiais britânicas e americanas, enviadas para encorajar a Resistência à ocupação alemã e italiana. As escolhas para alcançar os objetivos militares principais eram, às vezes, politicamente controversas.

GRÉCIA

Depois que a ocupação alemã da Grécia foi concretizada, surgiram dois grandes grupos de Resistência. O Partido Comunista Grego (KKE) criou uma Frente de Libertação Nacional (EAM) que, por sua vez, criou uma unidade militar ativa – o Exército Popular Grego de Libertação (ELAS). O principal grupo alternativo de Resistência era a Liga Nacional Republicana Grega (EDES), que embora fosse contra a monarquia, não era comunista, o que levou a crescentes conflitos com o grupo comunista EAM/ELAS.

No que dizia respeito à SOE britânica, motivos políticos eram secundários à tarefa de derrotar os ocupantes alemães. No entanto, nem sempre estava claro se os grupos de guerrilha usavam os suprimentos aliados de armas e munição para a causa certa. O perigo era que o ELAS usasse as armas aliadas para lutar contra o EDES e vice-versa. Portanto, não é de surpreender que alguns agentes da SOE enviados para a Grécia considerassem mais importante ter habilidades políticas do que militares. No norte da Grécia, um movimento de Resistência foi formado em resposta

11

BÁLCÃS

Apesar de Iugoslávia, Grécia, Turquia e Romênia terem assinado o Pacto dos Bálcãs em 1934, em 1939 a Itália conseguiu invadir a Albânia sem ser punida.

EM 28 DE OUTUBRO DE 1940, após se estabelecerem na Albânia, os italianos cruzaram a fronteira da Grécia. No entanto, enfrentaram intensa Resistência dos gregos e tiveram de recuar. Contudo, apesar do apoio das forças britânicas e da Australian and New Zealand Army Corps (Forças Armadas da Austrália e Nova Zelândia), ANZAC, os gregos não foram capazes de deter os alemães, que invadiram a Grécia e a Iugoslávia em 6 de abril de 1941. Quando a Iugoslávia foi dividida pelos alemães, aconteceu o seguinte com os países restantes dos Bálcãs: a Romênia escolheu ficar do lado da Alemanha, ao passo que a Bulgária declarou guerra à Grã-Bretanha e aos Estados Unidos e fez incursões no norte da Grécia.

Página ao lado: *Partisans* iugoslavos treinam com uma submetralhadora Bren em Malta.

Movimentos de Resistência

Os Bálcãs têm uma história complexa e, como era de se esperar, seus movimentos de Resistência também eram complexos e muitas vezes antagônicos. Na Albânia, Grécia e especialmente na Iugoslávia, havia movimentos de Resistência competindo entre si, com diferentes objetivos políticos. Isso criou

A SOE e o OSS atuaram em operações separadas na Itália, e apesar de trabalharem juntos quando necessário, as operações não foram conjuntas desde o início. Os americanos estavam determinados a fazer as coisas à sua própria maneira, valendo-se de muitos de seus excelentes contatos ítalo-americanos. A Seção G3 de Operações Especiais do 15º Quartel-general do Exército fazia a coordenação entre operações britânicas e americanas.

A FAMÍLIA CERVI

ALCIDE CERVI, com sua esposa e sete filhos, foi um dos primeiros a organizar um grupo de *partisans* depois do armistício. Quando a família real italiana fugiu para o sul, deixando um vácuo de liderança, os Cervis, inspirados por sua fé católica e simpatizantes da filosofia comunista, decidiram criar seu próprio grupo doméstico de Resistência. Baseados na região de Reggio Emilia, a sudoeste de Parma, os Cervis abrigavam em sua fazenda de campo Rossi oficiais aliados que conseguiam escapar. Eles também levavam suprimentos para os rebeldes escondidos nas montanhas.

No final, a fazenda foi atacada pela milícia fascista local e os Cervis foram presos. Depois que um oficial fascista foi executado por um grupo comunista, os fascistas decidiram se vingar nos Cervis.

Em dezembro de 1943, os sete filhos de Cervi foram levados e mortos em um local de fuzilamento em Reggio. Mais tarde, naquele mesmo mês, os fascistas atacaram novamente a fazenda Cervi, colocando fogo nos currais. A esposa de Alcide, Genoveffa Cervi, ainda sofrendo a insuportável dor da morte dos filhos, morreu de ataque cardíaco na mesma noite.

No final da guerra, Alcide Cervi e sua família foram honrados em uma cerimônia, quando o presidente italiano colocou sete medalhas de prata de Valor Militar no peito de Alcide, uma para cada filho.

Ao lado: Alcide e Genoveffa Cervi, seus sete filhos e duas filhas.

unidades alemãs na área, entre elas a 148ª Divisão das *Gebirgskorps*, a fim de ajudar no avanço da 92ª Divisão Americana.

TRABALHANDO COM OS *PARTISANS*, O SAS CRIOU O MÁXIMO DE PERTURBAÇÃO ÀS COMUNICAÇÕES ALEMÃS.

Em 8 de março, o tenente do OSS Rawleigh Taylor foi enviado de paraquedas para o sul de Pavia a fim de estabelecer comunicações com a Divisão Aliotta de *partisan*s locais, liderada por Domenico Mezzada, conhecido como Americano por ter vivido nos Estados Unidos. Taylor era comandante do Grupo Operacional Roanoke do OSS, e o resto de sua equipe chegou em 9 de abril. Tendo estabelecido uma base em Pietragavina, o OSS deu apoio aos *partisan*s, que tomaram várias cidades dos alemães antes que as forças aliadas chegassem do sul.

SOE E OS *PARTISANS* ITALIANOS

A primeira grande unidade da SOE enviada para a Itália veio do quartel-general de Massingham, em Argel [na Argélia]. A unidade, comandada pelo capitão Malcolm Munthe, pousou em Brindisi, onde iniciou as operações. Uma vez estabelecida sob o nome de Força Especial Nº 1, essa unidade se tornou responsável por todas as subunidades da SOE que operaram no território ocupado pelo inimigo na Itália nos meses subsequentes. Logo a Força Especial Nº 1 se moveu ainda mais para cima da costa até Monopoli, onde estaria em boa posição para ser um elo com o quartel-general aliado em Bari.

O plano era enviar os British Liaison Officers (Oficiais de Ligação Britânicos), BLOs, para entrar em contato com os *partisan*s e fazer planos. Apesar de, no passado, os oficiais regulares do exército terem visto com suspeita as táticas da SOE, agora o alto comando percebia o potencial de trabalhar com os *partisan*s através da SOE. Embora tenha levado certo tempo até os comandantes aliados seniores perceberem que os *partisan*s não poderiam ser controlados como uma unidade militar, houve boa colaboração em operações como o reforço em Genoa. Os *partisan*s ajudaram a cercar as forças alemãs que se retiravam de suas posições defensivas. Eles também ajudaram a preservar centros industriais importantes que, de outra sorte, teriam sido destruídos pelo inimigo em retirada.

Liguria, operando na 6ª Zona Operacional. Mais tarde tornou-se a 3ª Divisão Garibaldi Cichero. Um de seus batalhões se chamava Severino e era comandado pelo mais bem-sucedido dos líderes *partisan*s, Michele Campanella.

O batalhão Severino e a divisão Cichero trabalharam com grupos da SOE e do OSS na região. Em 12 de agosto de 1944, o Grupo Operacional Walla do OSS foi enviado de paraquedas por Halifaxes da RAF do 148º Esquadrão, que vinha de Brindisi. Comandada pelo capitão William Wheeler, a equipe do OSS tinha quinze homens. Os americanos foram levados por mulas e depois por caminhões até os comandantes italianos da 6ª Zona. Ficou claro que a real necessidade dos *partisan*s não era de pessoas, mas de treinamento especializado, por exemplo, com explosivos. Eles também precisavam de meios de comunicação, como os *kits* de rádio do OSS, e de muitos equipamentos, como armas, munição, roupas de inverno, botas e suprimentos médicos. A equipe do OSS ficou contente em ajudar e, durante sua missão na região, cem toneladas de suprimentos foram enviadas para os *partisan*s.

A próxima equipe do OSS a pousar na região foi a Peedee. Havia também um grupo da SOE ali, de codinome Clover, comandado pelo tenente-coronel Peter McMullen. Mais reforços chegaram por via aérea em 27 de dezembro, na Operação Gália. Dessa vez, foi o Esquadrão Nº 3, 2º Serviço Aéreo Especial, que pousou entre La Spezia e Genoa.

Trabalhando com os *partisan*s, a missão do SAS criou o máximo de perturbação às comunicações das

Abaixo: Este *partisan* é da Divisão Comunista Garibaldi Cichero. Ele carrega no cinto algumas granadas capturadas dos alemães.

MONTE BATTAGLIA

Em 24 de setembro de 1944, um batalhão de 250 *partisans* da 36ª Brigada Garibaldi começou a adentrar as florestas do Monte Battaglia, em cujo topo estava um forte alemão defendido pela 4ª Divisão de Paraquedas alemã. Isso coincidiu com um ataque do 350º Regimento Americano da 88ª Divisão de Infantaria *Blue Devils*, parte das operações Aliadas para romper a Linha Gótica.

Os reforços alemães logo apareceram com o 290º Regimento de Granadeiros, mas as forças americanas e os *partisans* deram conta deles. Em 3 de outubro, as forças americanas receberam com alívio o 1º Batalhão de Guardas de Gales, que continuou a resistir aos ataques alemães para retomar o monte.

A vitória no Monte Battaglia permitiu ao exército do general Clark avançar, descendo para o Vale de Santerno, mas a invasão não foi completa. Os alemães tiveram tempo de reforçar sua posição e executaram brutais represálias contra a população local em vingança pelos ataques dos *partisans*.

povo local. Em 4 de dezembro, os *partisan*s se moveram de madrugada para suas posições iniciais de ataque. As defesas alemãs estavam preparadas para se defender de um ataque vindo do sul; assim, quando às 5:30 da manhã os *partisan*s atacaram por trás deles, muitos se renderam sem nem pensar em contra-atacar. Quando os alemães se reorganizaram para um contra-ataque ao inimigo vindo do norte, os Lanceiros Reais canadenses atacaram suas posições vindos do sul. Para aumentar a confusão, os comandos do Popski's Pivate Army (Exército Privado de Popski) [britânico] atacaram do leste. E assim os alemães se retiraram, deixando Ravenna praticamente intacta.

A DIVISÃO CICHERO

A Divisão Garibaldi *Cichero* foi um grupo bem-sucedido de *partisan*s que operavam ao norte de Genoa, nos Montes Apeninos e planaltos da Ligúria. Embora fossem originalmente comunistas, como todas as brigadas Garibaldi, entre os membros havia ampla variedade de pessoas de diferentes lealdades políticas, unidas pelo objetivo comum de derrotar o inimigo.

Começando com apenas uma dúzia de pessoas em setembro de 1943, a divisão Cichero continuou a crescer exponencialmente até que, em 20 de junho de 1944, foi oficialmente reconhecida como a 3ª Brigada Garibaldi

também invadiram as zonas que os *partisan*s haviam declarado libertadas. Os *partisan*s tinham acesso a uma grande variedade de armas que vinham de antigos soldados italianos, armas tomadas dos alemães ou dos crescentes envios aéreos da SOE e do OSS. A Missão Cherokee da SOE, por exemplo, solicitou a remessa de suprimentos de submetralhadoras Bren e Sten, rifles Lee-Enfield, morteiros, lançadores de granada PIAT, explosivos e detonadores.

A LIBERTAÇÃO DE RAVENNA

Apesar dos numerosos fracassos e perdas, as forças do general Kesselring continuaram a resistir às forças Aliadas que se moviam para o norte depois de atravessar as defesas da Linha Gótica. Conhecida por sua arquitetura romana e bizantina, Ravenna não era uma cidade que os Aliados gostariam de destruir com bombardeios aéreos e artilharia, se fosse possível. Fe-

Acima: Escrito em italiano, esse poster de propaganda alemã adverte contra o destino que aguardava os sabotadores.

lizmente, por trás de Ravenna estava a 28ª Brigada Garibaldi, composta de uma eclética mistura de comunistas, católicos, socialistas e republicanos. Valendo-se do apoio do povo da região de Romagna, a 28ª Brigada levou a cabo uma série de atos de sabotagem e ataques organizados.

Um dos comandantes da 28ª Brigada Garibaldi era Arrigo Boldrini, conhecido como Bulow, nome do general prussiano das guerras de Napoleão. Boldrini teve a ideia de que Ravenna poderia ser salva se os *partisan*s conseguissem trabalhar junto com as forças em avanço do 8º Exército Britânico. Ele entrou em contato com os comandantes aliados usando um rádio do OSS. Os Aliados ofereceram um submarino para trazê-lo até eles, mas ele deu a volta pela costa em um barco de pesca trazendo um barril de vinho. Boldrini foi levado até o quartel-general do 8º Exército para discussões detalhadas de seus planos.

Tendo acordado um plano com os Aliados, Boldrini voltou para suas tropas e, em 29 de novembro, começou a infiltrá-las pelo sul com a ajuda do

Resistência, que não iriam tolerar uma pausa sequer em seu esforço por libertar sua terra do opressor.

Os grupos de *partisan*s eram organizados na forma de pelotões: dois ou três pelotões formavam um destacamento, e dois ou mais destacamentos formavam uma divisão. Suas atividades variavam entre sabotagem e guerrilha, as quais visavam perturbar grupos de soldados alemães em movimento. As operações dos *partisan*s contra os alemães eram tão efetivas que o comandante da XIV *Panzerkorps*, general-tenente Frido von Senger und Etterlin, teve de viajar em um carro sem insígnias e com um uniforme descaracterizado a fim de não chamar atenção.

Uma vez instalados em suas posições fortemente reforçadas, os alemães decidiram tomar a iniciativa e enviar patrulhas blindadas para cercar os *partisan*s e combatentes da Resistência e se vingar na população local, caso encontrassem *partisan*s escondidos em seus vilarejos e cidades. Os alemães

Abaixo: Italianos com mulas carregadas do 5º Exército Americano se deparam com um caminhão GMC CCKW capotado perto da Linha Gótica, em 1944.

Em 12 de agosto de 1944, os Aliados enviaram o General Raffaele Cadorna de paraquedas para a Itália. Ele foi acompanhado pelo major Oliver Churchill (da SOE), pelo sargento Dell Monache (operador de rádio) e pelo tenente Augusto de Laurentis (oficial da alfândega). Apesar de algumas objeções dos *partisans* italianos, os Aliados queriam que Cadorna assumisse controle total do movimento de Resistência e fosse o elo com o comando aliado.

Em 21 de setembro e 4 de dezembro, os ataques Aliados em Rimini e Ravenna tiveram colaboração bem-sucedida dos grupos de *partisans*. No entanto, quando os aliados foram de encontro às defesas alemãs no norte da Itália, conhecidas como Linha Gótica, o progresso foi repentinamente interrompido. O comandante aliado enviou uma mensagem para a Resistência permanecer cautelosa até que os Aliados estivessem prontos para retomar a ofensiva. Isso não deu certo com os líderes da

Abaixo: *Partisans* italianos armados com Sten Guns britânicas além de uma mistura de granadas britânicas e alemãs.

foi formada sob a liderança do general Badoglio, e, em 4 de junho, ele foi substituído por Ivanoe Bonomi.

A Alemanha tinha movido várias divisões para a Itália e o supremo comandante das Forças Mediterrâneas, general *Sir* Harold Alexander, convocou a Resistência italiana a "se erguer com força contra o inimigo comum... atacando-o de todas as formas". Ele nem precisava ter pedido, os italianos já tinham decidido por si mesmos expulsar os nazistas de seu país.

Resistência

Em 9 de setembro de 1943, os partidos italianos antifascistas formaram o *Comitato di Liberazione Nazionale* (Comitê de Libertação Nacional), CLN, a fim de organizar a Resistência italiana unificada contra a ocupação alemã. Isso significava reunir grupos como o *Gruppi di Azione Patriottica* (GAP), o *Squadre di Azione Patriottica* (SAP) e o *Gruppi di Difesa della Donna* (Grupos de Defesa Femininos). Havia também as brigadas comunistas Garibaldi, responsáveis por cerca de 40 a 50% dos combatentes, além das brigadas *Giustizia e Libertà* (GL), responsáveis por 30%. Em 10 de junho de 1944, surgiu o *Corpo Volontari della Libertà* (CVL), sob a liderança conjunta de Luigi Largo (das brigadas Garibaldi) e de Ferruccio Parri (das brigadas GL). Logo zonas libertadas foram declaradas em dezoito diferentes regiões.

> O DESAFIO DO OSS ERA CONSEGUIR ALGUMA FORMA DE CONTROLE OPERACIONAL SOBRE A DISPERSA RESISTÊNCIA ITALIANA.

A fim de organizar a cooperação com os Aliados, Alberto Damiani, do CLN de Milão, foi enviado para a Suíça para encontrar-se com John McCaffery, o representante da SOE britânica ali. A Resistência também trabalhou com o OSS americano; os serviços de Inteligência MI9 (britânico) e MIS-X (americano) trabalharam juntos na Seção N da Força "A". O desafio da SOE e do OSS era conseguir alguma forma de controle operacional sobre a dispersa Resistência italiana e seu movimento de *partisans*, que eram diferentes dos pequenos grupos de Resistência encontrados em outros países ocupados, como a França. Assim, em julho de 1944, a Comissão Central Aliada criou o ramo Patriots para lidar com o relacionamento com a Resistência.

10

ITÁLIA

Em julho de 1943, quando os Aliados estavam prestes a lançar a Operação Husky (a invasão da Sicília), a Itália – que formava o Eixo com Alemanha e Japão – tinha apenas vinte divisões ativas para defender toda a península italiana, Sardenha e Sicília.

AS BASES AÉREAS ITALIANAS eram agora regularmente bombardeadas pelos Aliados e a marinha italiana tinha o cuidado de ficar perto da praia depois de experiências de batalha como a de Cabo Matapão, contra a esquadra mediterrânea britânica.

Depois que o Fascist Grand Council (Supremo Concílio Fascista) expressou sua falta de confiança em Mussolini, em 26 de julho o rei italiano o informou que seria substituído pelo general Pietro Badoglio. Em 8 de setembro de 1943, depois de negociações secretas iniciais em Lisboa, a Itália declarou Armistício com os Aliados. Em 9 de setembro, os Aliados desembarcaram em Salerno, na Itália continental. Entre 21 e 26 de setembro, a Divisão Acqui italiana, baseada na ilha grega de Cefalônia, foi massacrada pelos nazistas. Em 22 de janeiro de 1944, os Aliados desembarcaram em Anzio. Em 24 de abril, uma coalizão do governo italiano

Ao lado: Membro da Resistência italiana usa uma jaqueta camuflada. Muitos soldados italianos se uniram à Resistência depois do Armistício com os Aliados.

eles localizaram os trilhos bem mais ao norte, cerca de 100 km a nordeste de Trondheim. Quando a noite chegou, partiram em oito equipes, cada uma levando 17 kg de explosivos, e os espalharam por 2,5 km de trilhos. Às 00:10 h, toda a extensão de trilhos explodiu simultaneamente. Novamente eles partiram, mas dessa vez uma patrulha alemã os alcançou, que logo foi derrotada pelas metralhadoras Tommy do OSS. Antes que pudessem sair em outra missão de sabotagem, a guerra acabou. Missão cumprida.

GRUPO OSVALD

O grupo Osvald tinha raízes comunistas, mas operava por conta própria depois da ocupação alemã da Noruega. O grupo era liderado por Asbjørn Sunde, que fora um *partisan* comunista durante a Guerra Civil Espanhola. Esse grupo fazia ataques e assassinatos, alguns deles dirigidos a quarteis generais de polícia estadual. O grupo explodiu bombas na Estação Central de Oslo, sabotou escritórios e roubou um banco.

NORSO

O Grupo Operacional Norueguês do OSS, conhecido como NORSO, era composto de noruegueses e americanos treinados para operações especiais. Uma missão, chamada Operação Rype, visava à destruição do sistema ferroviário entre Narvik e Trondheim. O objetivo era impedir as forças alemãs que retornassem da frente russa na Finlândia para a Alemanha.

Na noite de 24 de outubro, os soldados da Operação Rype foram despachados para a Noruega por um B-24 *Carpetbagger* vindo da base Harrington da RAF na Inglaterra. William Colby liderou uma equipe que pousou no lago Jaevsjo congelado, guiado pelas tochas acesas pelo comitê de recepção abaixo. Seu objetivo inicial era explodir a ponte ferroviária em Grana, e eles queriam fazer isso antes que os noruegueses chegassem à região para o feriado de Páscoa.

A equipe esperou seis dias até um novo envio aéreo de homens e suprimentos, mas as condições de clima ártico impossibilitaram outro voo e duas aeronaves caíram. Então, eles decidiram ir adiante com o que tinham e caminharam pela neve espessa, com clima desfavorável. Quando chegaram ao objetivo, encontraram escarpas íngremes e cobertas de neve acima da ferrovia. Carregados com equipamentos e bombas em trenós, demorou algum tempo para chegarem ao local. Enquanto algumas patrulhas partiram para cortar fios telefônicos, outras colocaram as bombas na ponte. Quando a ponte explodiu, eles partiram para a Suécia e conseguiram evitar o inimigo.

Sabendo que os alemães dariam alta prioridade ao reparo da ferrovia, a equipe estava determinada a atacar novamente. Usando um guia local,

da USAF para Estocolmo e atravessou a fronteira. De volta a Oslo, ele imediatamente percebeu o quanto os controles haviam se enrijecido, com bloqueios de rua e revistas completas tanto por alemães como por colaboradores noruegueses.

Em março de 1945, a Resistência norueguesa recebeu instruções de sabotar a ferrovia norte--sul em mil pontos. O objetivo era impedir que os alemães enviassem reforços para a difícil defesa da frente oeste. A Resistência também planejou explodir a administração e escritório da ferrovia. Sønsteby estava pessoalmente envolvido na operação, levando cativo o guarda alemão no prédio da administração enquanto seus cúmplices colocavam os explosivos. Os ataques combinados aos escritórios e ao sistema ferroviário reduziram o tráfego ferroviário em 75%.

Acima: Combatentes da Resistência norueguesa treinam na neve com uma submetralhadora Bren.

Com o raiar da derrota alemã, a Resistência foi perseguida mais do que nunca pela Gestapo e seus colaboradores. Antes de sua evacuação, a Gestapo começou a destruir arquivos incriminatórios. A Resistência sabia que seria importante salvar o máximo desses arquivos porque seriam evidências para julgamentos pós-guerra, então contrataram um grande caminhão e invadiram o quartel-general da Gestapo. Eles conseguiram salvar grande quantidade de evidências que mais tarde foram usadas em tribunais como o de Nuremberg.

da SOE por sua experiência com explosivos. Em Londres, ele também teve encontros com o Rei Haakon da Noruega e com o Príncipe Coroado Olav. Encontrou-se ainda com Georg Vetlesen, chefe da seção escandinava do OSS. O envolvimento do OSS significava que a NORIC1 tinha acesso a mais suprimentos do que nunca.

Sønsteby, conhecido pela SOE como Nº 24, recebeu a seguinte direção da SOE: "O Nº 24 está ligado ao Comitê Central de Forças Nacionais e é seu líder de sabotagem; todas as operações que ele fizer são ordenadas pelo Comitê Central ou por ordens diretas de Londres através do comitê". Em 15 de dezembro de 1943, Sønsteby voou em um *Liberator*

O SHETLAND BUS

CONHECIDO OFICIALMENTE COMO NOR-WEGIAN Naval Independent Unit (Unidade Naval Independente Norueguesa), NNIU, da SOE, a esquadra de pequenas embarcações conhecidas como Shetland Bus, que operavam desde Lunna Ness, nas Ilhas Shetland na Escócia, era uma ligação vital em tempos de guerra entre a Grã-Bretanha e a Noruega, usada para enviar agentes e suprimentos e para buscar refugiados e agentes retornando. Mais tarde seu nome foi mudado para Unidade Especial Real Norueguesa, quando foi incorporada à Marinha Real Norueguesa.

Inicialmente as operações eram feitas usando barcos de pesca disfarçados, armados com metralhadoras escondidas. Geralmente eram veleiros de 15 a 21 metros, com dois mastros e motores a diesel. A unidade foi depois equipada com três caças submarinos classe SC-497, fornecidos pela Marinha Americana e enviados por barcos Liberty até Belfast. Os navios foram nomeados *Vigra*, *Hessa* e *Hitra*, e várias modificações foram feitas para adequá-los a sua nova função, como a remoção de algumas armas para dar espaço para turcos e barcos pequenos com motores silenciosos que poderiam ser usados nas operações secretas em águas rasas.

Esses pequenos navios reforçados deram grande contribuição às operações secretas em torno da costa norueguesa. O tenente-comandante Leif "Shetlands" Larsen, que comandava o *Vigra*, navegou em 52 operações entre a Escócia e a Noruega.

Haugland colocaram uma pequena maleta preta com 7 kg de explosivos e um pavio de dois minutos no escritório e, depois de avisar os funcionários para que saíssem rapidamente, eles partiram. O prédio explodiu atrás deles. Em 17 de setembro de 1943, Sønsteby e outros membros da Resistência sabotaram a Fábrica de Armas Kongsberg, que produzia quatro canhões antiaéreos Bofors e outros equipamentos para fabricação de armas. Uma aeronave da RAF enviou paraquedas com 113 kg de explosivos para a operação. Novamente, a Resistência conseguiu as chaves para entrar no edifício e colocou os explosivos. Eles deixaram alguns itens de equipamento britânico para parecer que a operação foi feita por paraquedistas britânicos, minimizando o risco de represálias.

Sønsteby voltou para a Inglaterra onde, desta vez, foi-lhe solicitado que desse aulas para os *trainees*

Abaixo: Ponte ferroviária sabotada em Otta, Noruega, mostra quão assoladoras eram as ações da Resistência para as forças ocupantes.

Acima: Estrago causado por ataque da Resistência a um edifício ocupado por um membro do partido Quisling.

Em 24 de outubro de 1942, o colaborador nazista Quisling anunciou que os judeus teriam suas fortunas confiscadas e, em 30 de novembro, todos os judeus homens acima de quinze anos foram presos à noite e enviados para campos de concentração. Esses eventos deixaram Sønsteby e outros combatentes da Resistência ainda mais determinados a se opor à ocupação alemã. Assim, ele viajou para Estocolmo, onde um agente da SOE o convenceu a voar com ele para a Inglaterra. Depois de entrevistas de triagem em Londres, Sønsteby foi enviado para Arisaig, na Escócia, para treinamento de comando antes de ir para o depósito da NORIC1, em Inverness-shire, para mais treinamento com explosivos.

Operações de Sabotagem

Em 17 de novembro de 1942, Sønsteby e Knut Haugland foram enviados de volta à Noruega em um bombardeiro Halifax da RAF junto com duas toneladas de armas para a organização Milorg, divididas em vinte caixas. A última iniciativa alemã fora registrar rapazes para evacuá-los para campos de trabalho na Alemanha, então a Resistência decidiu sabotar o Escritório do Trabalho em Oslo e as máquinas que produziam os cartões de identidade. A operação foi agendada para 18 de maio de 1943, um dia antes da impressão dos cartões. Tendo conseguido as chaves para entrar no Escritório do Trabalho, Sønsteby e

clandestino. Ele também entrou em contato com a organização Milorg e foi com eles em uma viagem de recrutamento na região de Østlandet. Outro membro da Resistência, Knut Haugland, que era engenheiro norueguês, deu a ideia de criarem um radiotransmissor a fim de se comunicarem com a Inglaterra.

No outono de 1942, a Resistência norueguesa recebeu um pedido de um agente da SOE em Estocolmo, Daniel Ring. Londres queria moldes das peças usadas para imprimir notas de 5, 10, 50 e 100 kroners do Banco da Noruega. A Resistência conseguiu contrabandear peças originais do banco e Sønsteby levou-as de táxi para o norte, na Suécia. As peças foram levadas até a fronteira e entregues a Daniel Ring, que fez cópias delas e as devolveu para Oslo sem que as autoridades sequer desconfiassem que haviam desaparecido.

Acima: Operadora secreta da Resistência digita informação recebida de transmissões dos Aliados.

Sønsteby também esteve envolvido como mensageiro na operação norueguesa da água pesada. Ele ajudou a conseguir uma garrafa de amostra dessa água que foi enviada a Londres para teste e trabalhou com Einar Skinnarland, que teve atuação importante para o sucesso da operação de sabotagem. Sønsteby também forneceu informação da Inteligência útil para Londres, como quais partes da costa estavam livres para que os barcos vindos de Shetland [na Escócia] atracassem. Isso permitiu que o serviço de barcos "Shetland Bus"[1] ficasse livre de navios patrulheiros alemães, alguns dos quais se disfarçavam de barcos de pesca.

---

1 N. T.: "Shetland Bus" era o nome de um grupo de operações especiais que estabeleceu uma ligação marítima permanente entre Shetland, na Escócia, e a Noruega ocupada pela Alemanha, durante o período de 1941 até o fim da guerra. Ver p. 202.

GUNNAR SØNSTEBY

Depois da invasão alemã da Noruega, Philip Hansteen, um tenente do exército reserva norueguês, pediu a voluntários que o encontrassem em sua cabana a 48 km ao norte de Oslo. Ali ele formou uma companhia de esqui com quatro pelotões de trinta homens cada. Gunnar Sønsteby era membro do quarto pelotão. No entanto, eles tinham pouco ou nenhum equipamento militar e suas roupas eram inadequadas para o clima desfavorável.

Abaixo: Gunnar Sønsteby era combatente, um dos líderes da Resistência norueguesa entre os mais altamente condecorados.

A companhia de esqui de Hansteen voltou para o norte logo atrás de um exército norueguês que se retirava, com o inimigo bem perto deles. Durante a retirada, Hansteen foi morto. Depois que o exército norueguês se dispersou, Sønsteby voltou para Oslo doente com pneumonia e passou um tempo no hospital. Quando se recuperou, voltou para sua cabana favorita nas montanhas de Rjukan e renovou seu condicionamento físico. Ali, ele e seus amigos ouviram os noticiários de Londres. Perceberam que a guerra ainda estava em andamento e que eles tinham uma chance de resistir.

De volta a Oslo, Sønsteby se uniu a outros combatentes da Resistência, como Max Manus, Harald Hanto e Kolbein Lauring para produzir um jornal

sabotar embarcações alemãs no porto. Quando estiveram na Inglaterra, Max Manus, Rønneberg e Gregers Gram desenvolveram um método de colocar as minas *limpet* no casco de navios com o auxílio de um longo bastão de metal.

A primeira sabotagem de navios aconteceu em 27 de abril de 1943, quando Manus, Gram e outros dois combatentes da Resistência – Einar Riis e Haloor Haddeland – remaram em duas canoas até uma ilha onde haviam escondido suprimentos enviados pela RAF, incluindo as minas *limpet*. Em seguida, eles remaram em direção a quatro navios ancorados em Oslofjord e começaram a colocar as minas *limpet* nos cascos. A operação foi particularmente perigosa, pois as canoas deixavam um rastro de fosforescência na água que poderia ter sido visto por um guarda atento, já que a área do porto era bem iluminada.

As minas *limpet* detonaram no dia seguinte e um dos navios afundou imediatamente. Houve explosões em dois outros navios, mas no quarto as minas não explodiram. Dois navios afundaram e um ficou danificado. Manus e Gram retornaram para a Inglaterra a fim de evitar buscas alemãs depois da operação. Mais tarde, em outra operação, Manus voltou à Noruega para afundar o navio alemão SS *Donau*, que chegara ao porto de Oslo em 15 de janeiro

> MANUS E SEU COMPANHEIRO TIVERAM DE ABRIR CAMINHO PELO GELO COM MACHADOS.

de 1945. Esse navio era usado pelos alemães para transportar judeus da Noruega para a Alemanha, onde eram levados para campos de concentração como Auschwitz.

Manus e seu companheiro conseguiram contrabandear uma jangada com explosivos, Sten Guns, munição e granadas para um cais altamente protegido pelos alemães. Manus e seu companheiro tiveram de abrir caminho pelo gelo com machados a fim de conseguir manobrar a jangada para perto do *Donau*, e então colocaram as minas no casco. No caminho de volta, outro navio apareceu e eles colocaram a última mina *limpet* nele. Vestindo macacões, os dois homens deixaram a área do cais e pegaram o próximo bonde em direção ao centro da cidade. Às 22 horas, as minas *limpet* no casco do *Donau* explodiram e o navio começou a afundar. A mina no segundo navio também explodiu, mas os alemães conseguiram

Acima: Uma versão primitiva da mina *limpet* semelhante às usadas por Max Manus em suas operações de sabotagem. A mina ficava presa ao nadador antes de ser fixada com ímãs ao casco do navio.

da Companhia Independente Norueguesa, capitão Linge, foi morto durante o ataque ao quartel-general alemão. Como resultado do ataque, os alemães enviaram mais trinta mil tropas para a área, temendo que houvesse um ataque aliado maior na Noruega.

MAX MANUS

Max Manus foi um dos mais ativos e efetivos combatentes da Resistência norueguesa na Segunda Guerra Mundial. Nascido em Bergen, ele se voluntariou para lutar na Guerra de Inverno entre a Finlândia e a União Soviética. Depois da invasão alemã à Noruega, se envolveu com a imprensa secreta produzindo jornais e panfletos. Ele também ajudou a conseguir armas para a Resistência. Em 1941, foi preso pela Gestapo, mas conseguiu se jogar de uma janela. Ficou ferido na queda do segundo andar, mas escapou do hospital antes que a Gestapo começasse a interrogá-lo.

Depois disso, Manus viajou para a Inglaterra, onde foi recrutado pela Companhia Independente Norueguesa e recebeu treinamento em estabelecimentos da SOE na Inglaterra e na Escócia. Como parte de seu treinamento de sabotagem, ele se especializou em colocar minas magnéticas *limpet* no casco de navios. Em 12 de março de 1943, Manus e outro combatente da Resistência norueguesa, Gregers Gram, foram enviados de paraquedas para um local próximo a Oslo, como parte da Operação Mardonius. Sua missão era

gebirgsjäger (patrulheiros de montanha) baseada em Måløy estava de saída.

Os elementos navais britânicos no ataque eram o cruzador leve HMS *Kenya*, quatro *destroyers* e um submarino. As balsas adaptadas *Prince Charles* e *Prince Leopold* foram usadas para desembarque de tropas. A RAF deu suporte aéreo com uma aeronave Bristol Beaufighter multiuso e com bombardeiros leves Bristol Blenheim, além de bombardeiros médios Handley-Page Hampden. Tendo chegado ao ponto de encontro às 7 horas da manhã de 27 de dezembro, a troca de tiros entre os navios começou às 8:48 h e a RAF lançou uma nuvem de fumaça a fim de facilitar a aproximação das tropas.

Os comandos desembarcaram em Vågsøy e Måløy, onde planejavam destruir vários alvos, como usinas elétricas, fábricas de óleo de peixe, munições e depósitos de combustível, uma estação de rádio e um farol. Os navios da Marinha Real afundaram nove embarcações inimigas e abateram quatro aviões bombardeiros Heinkel. A RAF perdeu oito aeronaves no ataque, mas não houve perda de navios. O comandante

Acima: Comandos aliados observam as chamas envolverem as embarcações durante a Operação Archery, o bem-sucedido ataque nas ilhas de Vågsøy e Måløy.

nas ilhas de Vågsøy e Måløy, localizadas entre Bergen e Trondheim. A ação foi planejada para causar o máximo de perturbação possível às forças alemãs, a fim de convencê-los de que precisavam manter uma guarnição maior na Noruega, em vez de remanejar os homens para a frente leste.

A operação incluiu a Companhia Independente Norueguesa, o Comando N.º 3, duas tropas do Comando N.º 2 e engenheiros reais do Comando N.º 6. A guarnição alemã tinha cerca de 150 homens e cerca de quarenta aeronaves, entre caças e bombardeiros, operando em três bases separadas, incluindo Stavanger e Trondheim. Os alemães também tinham várias instalações costeiras de artilharia. Uma unidade alemã

A NORWEGIAN INDEPENDENT COMPANY 1 (COMPANHIA INDEPENDENTE NORUEGUESA 1)

Essa companhia foi criada pela SOE britânica sob liderança do capitão Martin Linge, a fim de recrutar noruegueses para operações comando e operações especiais na Noruega. Linge foi um dos primeiros noruegueses a fugir para a Inglaterra após a ocupação alemã. Os noruegueses chamavam a companhia de Kompani Linge, ou Linge Kompaniet.

Membros da Companhia Independente Norueguesa (NIC, ou NORIC1) participaram da bem-sucedida Operação Gunnerside de sabotagem, além de outras, como a Operação Archery. Às vezes havia tensão entre as operações da NIC e a Resistência norueguesa devido às represálias alemãs em resposta às operações.

Ao lado: Martin Linge foi o fundador e a inspiração da Companhia Independente Norueguesa.

daqueles que estavam determinados a resistir à ocupação alemã e gradualmente expandiu sua influência pelos catorze distritos do país. Eles tinham um conceito de Resistência diferente da SOE. A Milorg queria aumentar gradualmente sua presença no país para que pudesse transmitir Inteligência e construir uma força capaz de ajudar quando os Aliados invadissem a Noruega. A prioridade da SOE, porém, era criar o máximo de perturbação possível aos alemães.

Uma operação da SOE na ilha de Televag off Bergen ressaltou a diferença de estratégia. Quando os dois agentes da SOE pousaram, eles entraram em conflito com os alemães e um agente recebeu um tiro. Então, os alemães se vingaram na população local queimando 300 casas, destruindo barcos e meios de subsistência das pessoas, deportando oitenta homens para campos de concentração alemães e prendendo 260 mulheres e crianças.

OPERAÇÃO ARCHERY

Essa operação foi um teste inicial de ações combinadas entre o exército, a marinha e a aeronáutica da Grã-Bretanha. Seu alvo foram as guarnições alemãs

Abaixo: Homens da organização de Resistência Milorg marcham em treinamento na floresta Akershus, em 1945.

Birger Strømsheim, Fredrik Kayser, Knut Haukelid, Haus Skorhaus e Kasper Idland. Assim, as duas equipes fizeram planos para um segundo ataque à usina hídrica. Enquanto isso, suprimentos – e explosivos – eram enviados para a região por via aérea.

OPERAÇÃO GUNNERSIDE

Após o fracasso da tentativa anterior, a segurança na usina foi aumentada e a ponte cruzando a ravina agora estava bem guardada. Assim, a equipe Gunnerside desceu a ravina e atravessou o rio na parte mais rasa antes de entrar no edifício por um túnel. Dentro, o zelador estava disposto a guiá-los até o equipamento de água pesada. Então, eles colocaram explosivos acionados com um temporizador que lhes permitiria sair dali com segurança. Quando já escalavam de volta a ravina, a usina explodiu e todo o estoque de água pesada e maquinário necessário para produzi-la foi destruído.

> A BOMBA FOI POSICIONADA DE MODO A MINIMIZAR O RISCO DA EXPLOSÃO PARA OS PASSAGEIROS.

Para evitar grupos de busca alemães, a equipe se separou. Cinco membros caminharam e esquiaram até a Suécia, dois foram para Oslo e quatro permaneceram escondidos na região. Os estoques de água pesada que não foram atingidos pela explosão na usina seriam transportados pelo lago Tinnsjå e depois levados de trem para a Alemanha. A água pesada foi levada no SS *Hydro*, um navio sobre trilhos que também transportava passageiros.

Em 19 de fevereiro de 1944, Knut Haukelid e outros dois membros da Resistência conseguiram entrar no porto em que o navio aguardava para partir e colocaram explosivos no casco. A bomba foi posicionada de modo a minimizar o risco da explosão para os passageiros e lhes dar tempo de escapar antes que o navio afundasse totalmente. O navio partiu em 20 de fevereiro e a bomba explodiu quando ele atingiu a parte mais funda do lago. Por causa da demora em liberar os botes e coletes salva-vidas, catorze pessoas morreram afogadas.

MILORG

Milorg era a maior organização de Resistência na Noruega. Foi formada em maio de 1941 com o objetivo de reunir e coordenar os esforços

e fugir para a Suécia. A operação foi desastrosa: os dois planadores caíram antes de chegar à zona de pouso e um Halifax se chocou contra uma montanha. Os comandos morreram nos acidentes ou foram capturados e imediatamente executados segundo a Ordem Comando de Hitler.

OPERAÇÃO GROUSE

Como parte dos preparativos para o ataque à usina Norsk, uma equipe da SOE composta dos noruegueses Jens-Anton Poulsson, Knut Haugland, Claus Helberg e Arne Kjelstrup foi enviada de paraquedas para Hardangervidda, um planalto remoto a noroeste do alvo. Depois de caminhar até o ponto de encontro, a equipe Grouse fez reconhecimento da área para escolher o melhor ponto para pouso de planadores. O plano era usar sinalizadores Eureka para guiar os planadores até a zona de pouso.

Acima: Paraquedistas noruegueses treinam na Grã-Bretanha antes de participar da libertação de seu país com os Aliados.

Antes disso, a SOE havia recrutado Einar Skinnarland, um engenheiro que trabalhou na usina Norsk e fugiu para a Inglaterra. Ele deu informações detalhadas sobre o local, complementadas por seu irmão Tostein, que ficara na Noruega. Einar Sinnarland foi enviado de paraquedas de volta à Noruega pela SOE. A informação deles revelou que qualquer ataque à usina seria bastante difícil, devido à topografia íngreme da região, que tinha uma montanha, vales com precipícios e uma floresta espessa.

A equipe Grouse demonstrou excepcionais habilidades de sobrevivência, permanecendo na área remota com condições climáticas desfavoráveis por várias semanas enquanto os planos eram feitos na Inglaterra. Em 16 de fevereiro, outros seis comandos noruegueses foram enviados por um Halifax da RAF em preparação para a segunda tentativa na usina, a Operação Gunnerside: Joachim Rønneberg (líder da equipe)

Movimentos de Resistência

Apesar da grande presença alemã, a Resistência norueguesa não perdeu tempo para fazer da estadia alemã em seu país a mais desagradável possível.

OPERAÇÃO FRESHMAN

Assim que os alemães estabeleceram sua ocupação, a Inteligência aliada descobriu que eles haviam ordenado à usina Norsk Hydro em Vemork, no centro-sul da Noruega, que aumentasse a produção de óxido de deutério, também conhecido como "água pesada". Isso sugeria que os alemães tinham um programa de bomba atômica em andamento e tinham desenvolvido um reator nuclear. Portanto, destruir a usina tornou-se prioridade imediata.

A primeira tentativa de destruir a unidade envolveu o uso de planadores Horsa do 1º Batalhão do Regimento Piloto *The Glider*, que levaria uma equipe de 34 engenheiros reais da 1ª Divisão Aérea com explosivos. O plano era destruir a usina

Abaixo: A usina Norsk Hydro produzia água pesada, que era enviada por mar para a Alemanha para uso em seu programa de bomba nuclear. Era prioridade dos Aliados destruir a instalação.

9

NORUEGA

A Noruega era de interesse estratégico tanto para os Aliados como para os alemães, em parte por causa dos suprimentos vitais de minério de ferro que saíam do porto norueguês de Narvik. A fim de garantir esses suprimentos, Grã-Bretanha e França discutiram uma invasão à Noruega, mas seus planos foram abortados pela invasão alemã em 9 de abril.

A INVASÃO da Noruega foi parte da Operação Weserübung, cujo objetivo era invadir a Noruega e a Dinamarca. Os alemães logo ocuparam Narvik, Trondheim, Bergen, Stavanger, Kristiansand e Oslo.

As tropas aliadas começaram a chegar em Narvik e Åndalsnes a partir de 14 de abril mas, devido à intensa Resistência alemã e à pressão de sua ofensiva na França, os Aliados retiraram as tropas no início de junho. O rei norueguês Haakon VII e seu governo foram levados para a Inglaterra a bordo do pesado cruzador HMS *Devonshire*. Depois disso, a guarnição alemã na Noruega aumentou para trezentas mil tropas.

Página ao lado: O líder de esquadrão J. Macadam encontra três combatentes da Resistência norueguesa em Oslo, depois da chegada das forças britânicas na Noruega, em 11 de maio de 1945.

Depois dos desembarques do Dia D, os alemães começaram a enviar reforços da Noruega para a frente de batalha na França através da Dinamarca. A Resistência dinamarquesa fez

ALÉM DOS ARREMESSOS AÉREOS, ALGUNS SUPRIMENTOS ERAM ENVIADOS POR *MOTOR GUN BOATS* DA MARINHA REAL.

uma série de ataques a trens que carregavam tanques, armas e soldados, causando significativos atrasos nos reforços.

A Resistência dinamarquesa se tornou tão ativa que houve o risco de ficar sem suprimentos. Além dos arremessos aéreos, alguns suprimentos eram enviados por *motor gun boats* (MGBs) da Marinha Real para a Suécia. Devido ao clima perigoso e às más condições marítimas, o primeiro envio de armas e munições por mar só ocorreu em janeiro de 1945, chegando a Lysekil na costa norte de Gothenburg. Dali as armas viajaram por trem para o sul e foram contrabandeadas para dentro da Dinamarca. Durante esse processo, a polícia sueca fez "vista grossa" para a misteriosa carga.

Abaixo: Membros da Resistência dinamarquesa escoltam mulheres suspeitas de confraternizar com os nazistas.

OPERAÇÃO CARTHAGE

Ao lado: Edifício em chamas após ataque da RAF a Shellhus, usado pela Gestapo como quartel-general em Copenhague, 21 de março de 1945.

A RESISTÊNCIA DINAMARQUESA PEDIU aos britânicos que executassem um ataque contra o quartel-general da Gestapo em Shellhus, Copenhagen. O objetivo era libertar prisioneiros que aguardavam interrogatório e destruir registros nazistas sobre a Resistência, a fim de interromper as investigações da Gestapo. Ciente do risco para civis inocentes, a RAF estava relutante, mas no final concordou e implementou um meticuloso planejamento usando modelos em escala dos prédios da região.

O ataque foi executado em 21 de março de 1945 pelos Havilland Mosquitoes do 140º Grupo da RAF (que abrangia o 21º Esquadrão da RAF, o 464º Esquadrão da RAAF e o 487º Esquadrão da RNZAF). Também havia Mosquitoes da Unidade de Reconhecimento por Foto/Unidade de Produção de Filmes (PRU/FPU). Os Mosquitoes recebiam suporte de oito Mustangs Mk III norte-americanos do 11º Grupo, cuja função era lidar com quaisquer caças e baterias antiaéreas.

O ataque chegou a Copenhague em três ondas de sete aeronaves cada. Um dos primeiros Mosquitoes sofreu uma colisão, mas o resto da primeira onda chegou a Shellhus, causando grande dano. Os Mosquitoes da segunda e terceira onda ficaram confusos por causa da fumaça vinda da queda do primeiro, que colidira, e soltaram bombas no local errado que atingiram uma escola e causaram a morte de 86 crianças e freiras. Quatro Mosquitoes e dois Mustangs foram abatidos pelas baterias antiaéreas alemãs.

Apesar das trágicas mortes civis, o ataque alcançou o objetivo de destruir arquivos vitais e impedir a destruição do movimento de Resistência dinamarquesa.

Acima: Combatentes da Resistência dinamarquesa dirigem um carro blindado improvisado, em maio de 1945.

Em julho, a SOE enviou mais agentes de paraquedas, mas seus equipamentos caíram nas mãos dos alemães. Apesar da relutância inicial em realizar operações de sabotagem em alguns locais dinamarqueses, houve ataques bem-sucedidos contra portos, trens e outros alvos. Como resultado, os alemães intensificaram o uso de equipamentos de localização para rastrear os últimos enviados da SOE, que logo eram capturados e enviados para campos de concentração.

Johannesen, um dos agentes que veio com Rottbøll, também foi rastreado pela polícia, mas conseguiu engolir uma cápsula de cianeto antes de ser preso. Possivelmente trabalhando com informações obtidas no apartamento de Johannesen, não demorou muito até a polícia rastrear Rottbøll. Eles invadiram seu apartamento em 26 de setembro e, no tiroteio que se seguiu, Rottbøll levou doze tiros e morreu.

costa oeste da Dinamarca e na Ilha de Fanø. A Inteligência britânica considerou essa a mais valiosa informação sobre o radar alemão que haviam recebido na guerra até então.

Mais tarde, Petersen entrou para a RAF e Sneum foi recrutado pelo SIS britânico. Em 10 de setembro de 1941, Sneum e um operador de rádio chamado Christophersen foram enviados à Dinamarca. Sneum relatou ao SIS as atividades da *Sicherheitspolizei* (polícia de segurança alemã). Ele foi retirado da Dinamarca em março de 1942.

Outro dinamarquês que fugiu para a Inglaterra na mesma época que Sneum e Petersen foi Christian Michael Rottbøll. Ele foi recrutado pela SOE e, após receber treinamento, foi enviado de paraquedas de volta à Dinamarca em 17 de abril de 1942 com dois operadores de rádio, Johannesen e Mikkelsen, os quais se machucaram ao pousar e seus rádios foram descobertos pela polícia.

Rottbøll conseguiu arranjar outro *kit* de rádio para se comunicar com Londres. Ele entrou em contato com a Resistência dinamarquesa e enviou informações importantes sobre os movimentos das tropas alemãs. Rottbøll conseguiu convencer Christmas Møller a fugir para a Inglaterra, onde foi recrutado para liderar o Free Danish Council (Concílio Dinamarquês da Liberdade).

SABOTAGEM NA DINAMARCA

As OPERAÇÕES DE SABOTAGEM visavam instalações importantes da estrutura militar alemã. O ataque à usina elétrica de Burmeister e Wain, que contribuía para a produção de *U-bootes*, fez a instalação parar de funcionar por nove meses.

Em 1944, vinte combatentes da Resistência destruíram trinta aeronaves alemãs em Aalborg West e também danificaram componentes mecânicos. No mesmo ano, ocorreu o primeiro ataque à fábrica Always Radio, que participava da produção de *U-bootes*. Quando a fábrica foi reconstruída, a Resistência voltou em 1945 e a destruiu novamente. Também em 1945, a Resistência atacou a fábrica Torotor em Copenhague, que estava produzindo componentes das bombas voadoras e mísseis alemães V1 e V2. A Resistência também destruiu o Rifle Syndicate na Dinamarca, que era a única fábrica de armas do país.

Operações Secretas

O departamento dinamarquês da SOE, liderado pelo comandante Ralph Hollingworth e seu representante Reginald Spink, estava determinado a aproveitar qualquer oportunidade oferecida pela Resistência dinamarquesa. Os agentes da SOE foram enviados para a Dinamarca a partir de dezembro de 1942. Infelizmente, um dos agentes, Dr. Carl Bruhn, morreu porque seu paraquedas não abriu. O outro agente, Mogens Hammer, disfarçou-se de pastor protestante, mas inicialmente não conseguiu se comunicar com Londres porque os alemães capturaram seu *kit* de rádio depois da queda.

Hammer contactou Ebbe Munche, que era mensageiro na Suécia. Ele deu a Hammer um *kit* de rádio, mas seu sinal era muito fraco, então Hammer pediu a um engenheiro dinamarquês, chamado Duus Hansen, que melhorasse o aparelho e teve excelentes resultados. Hansen também foi recrutado pela SOE. A certa altura, ele identificou alvos de bombardeio para a RAF.

Em junho de 1941, dois dinamarqueses – Thomas Christian Sneum e Kjeld Petersen – fugiram para a Inglaterra em um antigo biplano Havilland DH.87 Hornet Moth que eles restauraram. Esperando que um trem abafasse o barulho do motor Gipsy Major da aeronave, eles saíram às 23 horas de 21 de julho de 1941 e foram rumo ao Mar do Norte. Quando chegaram à costa de Northumberland, foram interceptados por dois Spitfires e dois Hurricanes da RAF. Os dinamarqueses acenaram com um lenço branco e foram escoltados até um campo aéreo próximo a Alnwick, em Northumberland.

Eles levaram informações detalhadas de instalações de radar alemãs na

Abaixo: Ralph Hollingworth chefiava a seção dinamarquesa da SOE.

1944, a maior parte do grupo foi presa pela Gestapo. Outros membros foram pegos alguns dias depois. Após serem levados para a prisão de Vestre em Copenhague, oito membros do grupo foram sentenciados à morte e executados por um esquadrão de fuzilamento em 29 de junho de 1944. Os outros membros receberam diferentes sentenças de prisão.

GRUPO DE RESISTÊNCIA HOLGER DANSKE

Com o nome de um herói popular dinamarquês, esse grupo de Resistência foi formado em 1942 por veteranos da Guerra de Inverno Finlandesa. Frustrado com a falta de Resistência à invasão alemã, o grupo assassinou colaboradores dinamarqueses e atuou em operações de sabotagem. O grupo Holger Danske cresceu até chegar a cerca de 350 membros, mas sua estrutura era deliberadamente frouxa, de modo que os informantes da Gestapo não conseguissem penetrar a organização toda de uma só vez. Ainda assim, mais de sessenta membros do grupo foram executados pelos alemães.

> O OUTRO AGENTE, MOGENS HAMMER, CONSEGUIU SE DISFARÇAR DE PASTOR PROTESTANTE.

Os dois membros mais famosos do grupo foram Jørgen Haagen Schmith, conhecido como Citronen, e Bent Faurschou-Hviid, conhecido como Flamen. Após uma série de incidentes dramáticos – como o ataque a uma oficina Citroën onde foram destruídos seis veículos alemães e um tanque (e onde Schmith arranjou seu apelido) – e várias execuções de colaboradores, Schmith finalmente foi encurralado pelos alemães em um abrigo. Ele lutou em um dramático tiroteio em que onze alemães foram mortos, mas morreu quando a casa foi incendiada e, ao fugir, recebeu uma leva de tiros. Hviid também acabou sendo rastreado pelos alemães até sua casa e tomou uma cápsula de cianeto para não ser capturado.

O CLUBE CHURCHILL

Esse grupo de Resistência foi formado por Knud Pedersen e era composto de oito adolescentes que faziam atos de sabotagem, destruíam veículos e roubavam armas. Apesar de presos pela polícia em maio de 1942, permaneceram inflexíveis.

O ATAQUE AÉREO EM AARHUS, 31 DE OUTUBRO DE 1944

O QUARTEL-GENERAL da Gestapo, localizado nos prédios da universidade da segunda maior cidade da Dinamarca, Aarhus, na costa leste da península de Jutland, obteve muitas vitórias arrasadoras contra a Resistência dinamarquesa. Eles conseguiram obter informações vitais ao torturar um paraquedista britânico, Jakob Jensen, o que lhes permitiu acabar com vários grupos de Resistência – inclusive o grupo Hvidsten. Os alemães infiltraram o informante Grethe Bartram no movimento de Resistência e capturaram a mensageira Ruth Phillipson. Outros combatentes da Resistência foram presos e ficaram aguardando interrogatório.

Ao ver o colapso de seus grupos, os líderes da Resistência fizeram um apelo a Londres pedindo um ataque ao quartel general da Gestapo, a fim de parar as investigações atuais e destruir registros. Após um reconhecimento aéreo inicial da área, a RAF percebeu que o ataque precisaria de extrema precisão, porque havia dois hospitais de civis próximos ao alvo.

O ataque foi planejado para o meio-dia e executado por 24 bombardeiros Mosquito Mk. VI do 140º Grupo (21º Esquadrão da RAF, 464º da RAAF – RAF australiana – e 487º da RNZAF – RAF da Nova Zelândia), escoltados por 12 caças Mustang

Acima: Os resquícios do quartel-general da Gestapo nos edifícios da Universidade de Aarhus após o ataque da RAF, em 31 de outubro de 1944.

Mk. III norte-americanos do 315º Esquadrão Polonês. Os bombardeiros chegaram em quatro frentes, as duas primeiras carregando bombas convencionais de 225 kg com intervalos de onze segundos e as duas últimas carregando bombas incendiárias para garantir que os registros da Gestapo fossem queimados. Para minimizar o dano colateral e mortes civis, as aeronaves voaram a baixa altitude na aproximação final do alvo.

O ataque foi bem-sucedido, atingiu diretamente o prédio, destruiu registros e matou cerca de duzentos membros da Gestapo. Pelo menos dois membros da Resistência dinamarquesa aprisionados no edifício conseguiram escapar.

plano nazista de, a partir de 1 de outubro de 1943, deportar todos os judeus dinamarqueses para campos de concentração e morte quase certa. Ele também informou os líderes da comunidade judia. Em seguida, Duckwitz fugiu para a Suécia para garantir recepção segura para os judeus. Esse aviso foi vital para a Resistência dinamarquesa e as autoridades judias, porque lhes deu tempo de organizar uma fuga em massa.

Milhares de judeus escondidos em barcos de pesca viajaram os 20 km do estreito de Øresund entre a Dinamarca e a Suécia. Os alemães faziam buscas aleatórias nos barcos de pesca, mas o olfato dos cães farejadores foi temporariamente neutralizado pelo do uso de lenços impregnados com uma mistura de sangue seco de coelhos e cocaína. Devido a esses e outros esforços audaciosos dos diplomatas dinamarqueses e da Cruz Vermelha Sueca, 99% dos judeus dinamarqueses sobreviveu à guerra.

GRUPO HVIDSTEN

O grupo de Resistência Hvidsten tinha sede na Hvidsten Inn, em Jutland, local de propriedade de Marius Fiil. Fiil trabalhava com Ole Giesler, oficial da SOE, coletando envios aéreos de armas para distribuí-los entre a Resistência. Os britânicos deram à zona de recebimento em Allestruppgaard, no norte de Hvidsten, o codinome de *Mustard Point*. Os envios de suprimentos pelos bombardeiros Halifax da RAF eram precedidos de uma mensagem durante a transmissão da BBC: "Saudações ao Elias – ouça de novo!".

Os alemães descobriram o grupo depois que um paraquedista do exército britânico revelou a informação sob tortura. Em 11 de março de

Ao lado: Combatentes da Resistência dinamarquesa em serviço de proteção perto do fim das hostilidades, em 1945.

DANISH FREEDOM COUNCIL (CONCÍLIO DINAMARQUÊS DA LIBERDADE)

À medida que o descontentamento com a ocupação alemã crescia na Dinamarca e aumentavam as ações de sabotagem contra a produção industrial útil à Alemanha, os alemães colocaram mais pressão para que o governo dinamarquês agisse. Em agosto de 1943, os alemães decidiram tomar as rédeas da situação e assumiram o governo do país. Isso, por sua vez, levou à maior participação do povo nos movimentos de Resistência, já que agora a população sabia que não estava lutando contra o próprio governo.

O Danish Freedom Council (Concílio Dinamarquês da Liberdade) foi formado em setembro de 1943 a fim de coordenar o trabalho das várias organizações de Resistência. Ele estava ligado à SOE britânica, que também ajudava a coordenar a Resistência e a prover armas e outros suprimentos.

A essa altura, os alemães já enviavam tropas para proteger usinas elétricas, fábricas e outros prédios importantes que poderiam se tornar alvo da Resistência. Encontros públicos foram proibidos e impostos toques de recolher. Agora a Dinamarca tinha todas as características de um país totalmente ocupado. A Gestapo entrou na Dinamarca para combater a Resistência e trabalhou em colaboração com as tropas nazistas dinamarquesas.

O fato de os alemães terem assumido a administração da Dinamarca teve perigosas implicações para a população judia. Uma fonte improvável revelou planos sinistros dos alemães para os judeus. George Ferdinand Duckwitz, diplomata alemão, informou à Resistência dinamarquesa o

Abaixo: Judeus dinamarqueses fogem pelo estreito de Øresund em busca de segurança na Suécia, em setembro de 1943.

Acima: Tropas alemãs de motocicleta nas ruas de Copenhague durante a invasão da Dinamarca, em abril de 1940.

Resistência

Devido aos termos do acordo com os invasores alemães, a Dinamarca não experimentou de imediato os mesmos aspectos agressivos de ocupação experimentados por outros países. O governo dinamarquês também desencorajou a Resistência, a fim de evitar represálias alemãs contra o povo. Ainda assim, alguns grupos de Resistência começaram a se formar.

BORGERLIGE PARTISANER (BOPA)

Em 22 de junho de 1941, o partido comunista dinamarquês foi banido pelo governo dinamarquês por instruções diretas da Alemanha. Quando trezentos comunistas foram presos, o partido comunista foi forçado a funcionar secretamente e logo se tornou um catalisador da Resistência dinamarquesa. O *Borgerlige Partisaner* foi formado em janeiro de 1943 por um grupo de estudantes e começou a executar atos de sabotagem contra fábricas que abasteciam os alemães.

8

DINAMARCA

A invasão da Dinamarca pela Alemanha, em 9 de abril de 1940, foi parte da Operação Weserübung, que incluiu a invasão da Noruega. As bases aéreas dinamarquesas, especialmente a da cidade de Aalborg, em Jutland, foram identificadas pelos alemães como pontos estratégicos para pouso e avanço das tropas rumo à Noruega.

QUANDO O embaixador alemão na Dinamarca informou ao ministro dinamarquês do exterior que as forças alemãs estavam avançando para proteger a Dinamarca de um ataque britânico e francês, as tropas alemãs já estavam cruzando a fronteira. O governo dinamarquês enfrentou a possibilidade de Copenhague ser bombardeada e os tanques alemães avançarem pela planície de Jutland. Com ordens pouco claras, a Resistência militar dinamarquesa aos avanços alemães era valente, porém esporádica. No final, o rei Christian X e o governo dinamarquês decidiram se render com a condição de que o governo manteria sua independência.

Página ao lado: Civis dinamarqueses fazem manifestação contra a ocupação alemã no distrito de Nørrebro, Copenhague, em 1944.

pela estreita escadaria defendida pelos homens no topo. Depois de uma batalha que durou duas horas, os alemães finalmente conseguiram entrar e encontraram os corpos de três paraquedistas, incluindo Kubiš. Todos tomaram cápsulas de cianeto.

Os alemães encontraram a entrada da cripta e tentaram persuadir os paraquedistas restantes a se renderem, mas só encontraram oposição. Čurda foi trazido e, quando tentou persuadir os antigos colegas a abaixarem as armas, foi recebido com uma série de tiros das profundezas da cripta. Em seguida, os alemães trouxeram bombeiros para colocar mangueiras pela abertura do muro externo da cripta. Os paraquedistas subiram em uma escada e empurraram as mangueiras para fora.

Acima: A Igreja de St. Cyril foi palco de um dramático confronto entre os paraquedistas e a *Waffen SS*.

A Gestapo queria capturar os paraquedistas vivos, mas a SS estava ficando impaciente e queria explodir a cripta. O primeiro destacamento de combate da SS que entrou foi forçado a recuar por causa dos paraquedistas atirando atrás de pilares. Assim, a SS usou uma explosão para abrir outra entrada perto do altar. Quando isso aconteceu, os quatro paraquedistas usaram seus revólveres e cometeram suicídio.

Entre maio e setembro de 1942, outros três mil tchecos foram presos e mais de mil e trezentos foram sentenciados à morte. Entre os que foram executados estavam parentes de Jan Kubiš, além do bispo e o clero da Igreja Ortodoxa.

Karel Čurda tornou-se colaborador nazista fingindo ser paraquedista e prejudicando outras equipes vindas da Inglaterra. Depois da guerra, ele foi preso e executado por traição.

Heydrich morreu no hospital por causa de seus ferimentos: os fragmentos da bomba causaram envenenamento dos órgãos internos.

Traição
Em 16 de junho, Karel Čurda, um dos paraquedistas da equipe de sabotagem Out Distance, chegou ao quartel-general da Gestapo em Praga para dar informações sobre os conspiradores. Ele perdera as esperanças na Resistência e estava atraído pela considerável recompensa por informações, que chegava a um milhão de marcos.

Apesar de Čurda não saber que Gabčik, Kubiš e outros membros da Resistência estavam escondidos na Igreja Ortodoxa, ele deu detalhes sobre várias casas seguras usadas pela Resistência, incluindo o apartamento dos Moravec, onde Gabčik e Kubiš estavam alojados. Em 17 de junho, às 5 horas da manhã, a Gestapo invadiu o apartamento dos Moravec e colocou a família alinhada no corredor enquanto eles vasculhavam as instalações. A senhora Moravec conseguiu permissão para ir ao banheiro, onde tomou uma cápsula de cianeto e morreu. Seu marido e seu filho Ata foram levados para interrogatório. Ata foi torturado durante um dia inteiro e, em dado momento, lhe apresentaram a cabeça desmembrada de sua mãe. Ele acabou revelando que fora aconselhado a ir para a Igreja Ortodoxa em caso de emergência, o que deu à Gestapo a pista que estavam procurando.

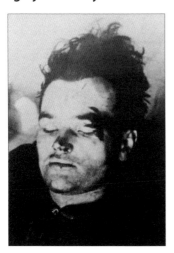

Abaixo: O corpo de Jan Kubiš depois que ele tirou a própria vida na batalha da Igreja de St. Cyril.

Uma enorme operação militar foi organizada com setecentas tropas *Waffen* SS, que cercaram a igreja e bloquearam todas as saídas. A Gestapo entrou na igreja, mas não havia ninguém à vista. Quando tentaram forçar caminho para a galeria da igreja, uma granada foi lançada e houve tiros. Ouvindo os tiros, os soldados da SS do lado de fora deram uma série de tiros na igreja, o que só aumentou a confusão.

Um destacamento da *Waffen* SS foi então enviado para capturar os paraquedistas no alto da galeria, mas tiveram grande dificuldade em passar

a execução dos principais membros da Inteligência tcheca. Goebbels liberou sua fúria contra os judeus ordenando que centenas deles fossem executados no campo de concentração de Sachsenhausen.

Além das represálias, as autoridades de Praga estavam em estado de pânico e confusão, o que tornou muito perigoso a qualquer civil sair às ruas, pois todos poderiam ser considerados suspeitos. Houve sistemáticas e violentas buscas nas casas pelo exército e pela SS. Mesmo com o alvoroço das forças de segurança, não conseguiram chegar nem perto de descobrir a identidade e o paradeiro dos agressores.

Enquanto isso, Gabčik e Kubiš, junto com outros membros da Resistência, estavam escondidos na Igreja Ortodoxa Karel Boromejsky, onde o pregador, Vladimir Petrek, escondeu-os na cripta. Em 4 de junho,

LIDICE

Ao lado: Os corpos dos moradores de Lidice, após as execuções da represália ordenada pelos nazistas depois que Heydrich morreu.

EM JUNHO DE 1942, por ordem de Adolf Hitler e Heinrich Himmler, o vilarejo de Lidice sofreu execuções, deportações e destruição como represália pelo assassinato de Reinhard Heydrich. A SS alegou que havia associação entre o vilarejo e os paraquedistas, mesmo não havendo. Em 10 de junho, 173 homens maiores de quinze anos foram executados. A execução dos homens do vilarejo aconteceu em uma fazenda próxima e durou do início da manhã até a tarde. Mulheres e crianças foram enviadas para campos de concentração. Algumas crianças foram enviadas para serem aculturadas como alemãs. Os prédios do vilarejo foram explodidos e arrasados e a área foi aterrada para parecer que a comunidade nunca existira.

Acima: O vilarejo de Lidice foi arrasado e reduzido a escombros pela SS após o assassinato de Heydrich.

quando Heydrich se aproximou e atirou nele, só conseguiu se esconder atrás de um poste de iluminação. Gabčik contra-atacou com seu revólver Browning Hi-Power, forçando Heydrich a buscar cobertura. Em seguida, Heydrich caiu no chão por causa dos ferimentos que recebera na explosão. Quando Klein voltou, Heydrich ordenou-lhe que fosse atrás de Gabčik, que agora corria pelo alto da subida.

Perseguido por Klein, Gabčik tentou se esconder em um açougue, mas o dono era pró-nazista e não o ajudou. Gabčik saiu correndo da loja, deu de frente com Klein e atirou na perna dele. Gabčik então fugiu para uma casa segura. Heydrich foi levado para o hospital em um caminhão de mercadorias. Logo o hospital estava cercado de guardas da SS.

A cena do ataque foi examinada pela polícia, que encontrou a Sten Gun britânica e os explosivos; ficou claro que o ataque fora de paraquedistas da Inglaterra. Foi oferecida a recompensa de um milhão de marcos por informações que levassem à prisão dos conspiradores.

REPRESÁLIAS

Mesmo com provas de que a operação havia sido planejada por britânicos e não pela Resistência local, Hitler deu ordem imediata para prender dez mil tchecos e executar todos os presos políticos. Às 9 h da noite daquele dia foi dado o toque de recolher. Em seguida, Himmler ordenou

Na manhã do dia 27 de maio, os dois soldados saíram do apartamento levando a Sten Gun e as bombas em maletas. Gabčik vestia uma capa de chuva, onde poderia esconder a Sten depois de montada. Eles pegaram um bonde para o local onde haviam deixado suas bicicletas. Quando chegaram em Holešovice, Valčik já estava lá. Após uma breve conversa, Valčik assumiu posição e Gabčik e Kubiš se sentaram em um banco, onde Gabčik montou a Sten Gun debaixo de seu casaco. Quando a arma estava pronta, Gabčik atravessou a rua para esperar perto da parada do bonde e Kubiš ficou onde estava.

Acima: Josef Valčik foi membro da equipe Silver A de paraquedistas e um dos personagens principais no assassinato de Heydrich.

Heydrich estava um pouco atrasado porque passou mais tempo do que o habitual com a família naquela manhã, devido ao fato de estar de partida para Berlim. Finalmente, seu carro saiu de casa às dez horas, dirigido pelo motorista, o *oberscharführer* Klein. Heydrich estava sentado no banco da frente, ao lado do motorista, e não havia escolta.

Por causa do atraso, as multidões da hora do *rush* haviam se dispersado de Holešovice e a equipe estava exposta esperando quando o Mercedes apareceu na frente da subida e Valčik deu sinal com o espelho. Gabčik e Kubiš prepararam as armas. A essa altura, um bonde começou a subir a rua vindo da ponte.

Quando o carro apareceu na curva, Gabčik tirou o casaco, avançou e puxou o gatilho de sua Sten. Nada aconteceu. A arma havia emperrado. Vendo o atirador, Heydrich mandou o motorista parar e sacou o revólver. Eles não viram Kubiš atirando uma bomba no carro, que explodiu contra a roda traseira lançando estilhaços por toda a parte e quebrando as janelas do bonde que passava. Heydrich e o motorista saltaram do carro com as armas nas mãos. Heydrich atirou em Gabčik e Klein mirou em Kubiš. Gabčik ficou momentaneamente paralisado com a falha de sua Sten e Kubiš com a força da explosão.

Kubiš conseguiu pegar a bicicleta e abrir caminho no meio da multidão de passageiros chocados, do bonde, enquanto o revólver de Klein emperrou ao tentar acertá-lo. Gabčik não teve tempo de pegar a bicicleta

que ele não retornasse a Praga. Após receber uma mensagem do relojoeiro Novotny, dentro do castelo, sobre os planos de Heydrich, e outra mensagem de Londres, em código conhecido apenas por eles, ordenando que agissem imediatamente, Gabčik e Kubiš sabiam que a hora havia chegado. Era agora ou nunca.

O ATAQUE
Por causa dos elevados níveis de segurança em torno da residência de Heydrich e do castelo, os soldados decidiram executar a operação em Holešovice, no norte de Praga, onde a rua fazia uma curva acentuada ao descer para a ponte. O carro precisaria desacelerar na curva. Isso também daria a ambos a oportunidade de fugir para as ruas ao redor e se misturar com os demais pedestres. Havia uma parada de bonde por perto onde eles poderiam ficar esperando discretamente junto com outros passageiros.

Valčik se posicionou acima da curva; o plano era que ele sinalizasse com um espelho quando visse o carro se aproximando. Em seguida, Gabčik entraria na frente do carro e atiraria em Heydrich com sua Sten Gun, enquanto Kubiš esperaria por perto com as bombas.

Abaixo: O Mercedes-Benz 320 conversível de Heydrich, após ser atingido pela bomba atirada por Jan Kubiš. O carro ainda não havia sido reforçado com placas de blindagem.

Acima: Reinhard Heydrich (no centro) e Heinrich Himmler (à esquerda) em Paris.

entre a residência de Heydrich e Praga. Como o carro estaria vindo rapidamente, eles planejaram atravessar a estrada com um cabo para forçá-lo a desacelerar. No entanto, o local era muito aberto e eles sabiam que teriam pouquíssimas chances de escapar. Embora estivessem cientes dos perigos da operação, ambos queriam pelo menos ter uma chance de sobreviver.

Por causa das muitas missões fracassadas na Tchecoslováquia e por precaução devido às atividades de Resistência patrocinadas pelos britânicos em outras partes da Europa ocupada, os alemães decidiram intensificar a segurança em torno de Heydrich, inclusive aumentando a equipe de segurança e colocando reforços de blindagem em seu carro – mas isso ainda não havia sido feito na época do ataque.

Satisfeito com suas realizações na Tchecoslováquia, Heydrich agora estava interessado em repetir o processo em outras partes da Europa onde a Resistência estivesse difícil de controlar. Sua preferência era a França, onde ele planejava aumentar a influência da SS sobre o exército em Paris. Ele também desejava acelerar a Solução Final no ocidente.

Heydrich planejara se encontrar com Hitler em Berlim, pensando em deixar Praga em 27 de maio. Por causa de suas ambições, era possível encontrar uma casa segura e os documentos necessários para sobreviver à cáustica segurança do regime Heydrich.

Assim, os dois agentes foram abrigados na casa segura da família Moravec, composta pelo casal e seu filho Ata. O filho mais velho do casal estava servindo na Divisão Tcheca na Inglaterra.

Gabčik e Kubiš precisavam descobrir mais informações sobre os movimentos e o itinerário de Heydrich, então passavam horas observando secretamente as idas e vindas dele entre sua residência em Papenske Biezany e o castelo de Hradčany. Eles fizeram contato com duas pessoas no castelo: František Sefanik, marceneiro que fazia trabalhos de manutenção, e Josef Novotny, relojoeiro responsável pela manutenção de todos os relógios do castelo. Ninguém melhor do que ele para informar os horários dos movimentos de Heydrich. Os dados vindos de informantes eram jogados pela janela do apartamento de duas mulheres, e em seguida entregues à equipe Anthropoid.

No começo, os dois soldados fizeram reconhecimento de um lugar onde poderiam executar a operação: encontraram uma estrada aberta

SILVER A E SILVER B

A Equipe Silver A era composta do suboficial-mor sênior Alfréd Bartoš, do sargento Josef Valčik e do sargento Jiří Potůček. Eles foram despachados próximo ao pequeno vilarejo de Kasaličky. Sua principal responsabilidade era restaurar as comunicações de rádio entre Londres e a Tchecoslováquia.

Para não terem de ficar escondidos, tentaram criar falsas identidades que poderiam ser registradas junto à polícia. Porém, as checagens rotineiras feitas pela polícia revelaram que a identidade de Valčik era falsa. Ele escapou por pouco da Gestapo. Então,

pediram a Morávek que providenciasse novas identidades para a equipe. Infelizmente, as fotos de identidade que Morávek planejara usar para os novos documentos estavam em sua maleta quando foi cercado pela Gestapo. Agora a Gestapo tinha a identidade visual de todos os membros da equipe Silver A. Então, Gabčik e Kubiš recrutaram Valčik, agora disfarçado, para a Operação Anthropoid. A equipe Silver B era composta do primeiro sargento Jan Zemek e do sargento Vladimir Skacha. Seu equipamento de rádio foi danificado na descida de paraquedas e eles precisaram se esconder.

XVIII, a escola de sabotagem da SOE na Mansão Brickendonbury, em Hertfordshire. Outro objetivo era criar um banco de reservas de elite do qual selecionar agentes.

Gabčik e Kubiš foram escolhidos por suas qualidades individuais, além do fato de complementarem um ao outro e serem bons amigos. Ambos tinham em comum o desejo de se vingar dos alemães por anexar seu país da maneira mais humilhante possível. Eles certamente teriam essa oportunidade no golpe mais ousado e bem-sucedido contra a liderança sênior nazista da Segunda Guerra Mundial.

A MISSÃO

No voo Halifax da RAF, Gabčik e Kubiš foram acompanhados por duas equipes da SOE: Silver A e Silver B. O avião foi seguido por caças noturnos alemães, mas eles conseguiram despistá-los. Quando chegaram à Tchecoslováquia, foi muito difícil encontrar a zona de pouso em meio à neve e Gabčik e Kubiš tiveram de pousar fora do alvo, próximo a Nehvizdy, ao norte de Praga. O alvo desejado era Ejpovice, próximo a Plzen. Ao aterrissarem, Gabčik machucou o pé na queda e só conseguia andar mancando, com a ajuda de Kubiš. Eles ficaram expostos a céu aberto e rapidamente buscaram abrigo em uma velha cabana, onde guardaram parte do equipamento e depois se abrigaram em uma mina abandonada. Eles foram encontrados por um guarda-caça local que seguiu o rastro na neve e encontrou os paraquedas.

Os soldados foram colocados em contato com a rede de Resistência local, SOKOL, liderada por Ladislav Vaněk. A princípio, Vaněk ficou preocupado com os dois recém-chegados, temendo que fosse outra tentativa de infiltração da Gestapo.

Gabčik e Kubiš receberam ajuda de Jan Zelenka para

Abaixo: Sargento Jan Kubiš e suboficial-mor Jozef Gabčik.

A-54

PAUL THÜMMEL, conhecido pela inteligência tcheca e britânica como A-54, era um agente duplo alemão que tinha um alto cargo na *Abwehr*, organização de polícia secreta alemã. Ele espionou a favor da Inteligência tcheca antes e depois que a Alemanha anexou a Tchecoslováquia, e também quando a Inteligência tcheca esteve em Londres.

Quando o regime de Heydrich começou na Tchecoslováquia, as ligações de rádio com Londres foram cortadas e a Gestapo começou a rastrear o contato principal de Thümmel na Tchecoslováquia, Václav Morávek.

A Gestapo apreendeu o transmissor usado para enviar as mensagens de A-54 para Londres e agora sabiam que havia um agente duplo entre a liderança nazista. Thümmel foi preso em 13 de outubro, mas recebeu tanto suporte de líderes seniores, como o próprio Heinrich Himmler, que a Gestapo acabou por libertá-lo. Ainda assim, ele foi pego novamente com uma evidência ainda mais incriminadora. Thümmel foi preso e executado poucos dias antes do final da guerra.

OS HOMENS

O primeiro-sargento Jan Kubiš era um soldado tcheco que entrou para a Legião Estrangeira Francesa depois da invasão alemã da Tchecoslováquia, e então se uniu à Divisão Tcheca que participou da Batalha da França. Ele recebeu a Cruz Tcheca de Guerra por bravura. Kubiš tinha fala suave e autocontrole, foi considerado pelos instrutores britânicos particularmente confiável quando lidava com explosivos.

O suboficial-mor Jozef Gabčik era um soldado eslovaco que seguiu os mesmos passos de Kubiš: entrou para a Legião Estrangeira Francesa e depois para a Divisão Tcheca. Ele recebeu a Cruz Francesa de Guerra por bravura durante a Batalha da França. Gabčik era considerado um homem digno, mas impetuoso e temperamental.

Quando a Divisão Tcheca foi para a Inglaterra após a queda da França, membros selecionados da divisão foram enviados para treinamento especial em Arisaig, na costa oeste da Escócia, seguido de um curso de paraquedas de cinco dias na base Wilmslow da RAF e também na STS

Acima: *Partisans* tchecos posam carregando várias armas, incluindo uma PPSh-41 soviética e uma submetralhadora MP40 alemã.

para que encorajassem atividades de Resistência em seus países.

A Resistência tcheca não foi considerada tão ativa quanto a de outros países ocupados e, mesmo que houvesse alguma Resistência, foi quase completamente sufocada pela chegada de Heydrich e da SS.

As conversas entre Beneš e Moravec em Londres levaram à decisão de cortar a cabeça da serpente – uma tentativa de assassinato do próprio Heydrich. O plano logo foi apoiado pela SOE, que deu treinamento extra a dois agentes, além das armas e explosivos de que eles iriam precisar para executar a tarefa. A operação também teve de ser coordenada junto à Real Força Aérea por causa do envio por paraquedas. As armas que os tchecos pediram foi revólveres, granadas de mão e Sten Guns, que eram efetivas a curta distância e fáceis de esconder.

Ao longo de todo o planejamento e execução da Operação Anthropoid foi mantido o mais alto nível de sigilo. Quando chegassem, os dois agentes não tinham permissão de informar à Resistência tcheca quem era o alvo e foram instruídos a operar separadamente o máximo possível

Havia também severas punições para qualquer suspeito de lentificar a produção industrial tcheca. A indústria de manufaturas tcheca foi uma das grandes vantagens da anexação da Tchecoslováquia, e os alemães não queriam que a caprichosa Resistência tcheca os impedisse de ter o máximo rendimento.

Operação Anthropoid

À medida que as forças aliadas se esforçavam para lidar com o avanço dos exércitos alemães, alguns deles indo em direção a Moscou na Operação Barbarossa, houve pressão sobre os governos exilados em Londres

TRÊS REIS

OS TRÊS REIS ERAM três membros de um grupo de Resistência tcheca formado depois que os alemães anexaram a Tchecoslováquia. O grupo organizava ataques contra líderes nazistas na Alemanha e mantinha contato próximo com o chefe de inteligência da Tchecoslováquia, František Moravec, mesmo depois que este partiu para Londres.

Os três reis fizeram alguns ataques espetaculares à Alemanha, um dos quais tentou matar Heinrich Himmler na estação ferroviária de Berlin-Anhalt. Outro deles foi um ataque ao ministério das forças aéreas e policiais, o *Reichsluftfahrtministerium*.

JOSEF BALABÁN

Balabán era oficial do exército tcheco e membro do grupo de Resistência *Obrana naroda* (Defesa Nacional). Ele foi capturado em Praga pela Ges-

tapo em 22 de abril de 1941, sentenciado à morte durante o governo de Heydrich em Praga e executado em 3 de outubro de 1941.

VÁCLAV MORÁVEK

Morávek era oficial do exército tcheco e membro fundador do grupo de Resistência *Obrana naroda*. Depois de participar de várias atividades de Resistência, Morávek acabou tirando a própria vida após um conflito armado com a polícia e a Gestapo em Praga, a caminho de um encontro com Paul Thümmel, agente A-54, que, sem que ele soubesse, já havia sido preso.

JOSEF MAŠIN

Mašin era oficial do exército tcheco. Ele foi preso pela Gestapo em 13 de maio de 1941, torturado e executado após o assassinato de Reinhard Heydrich.

O movimento de Resistência dava informações úteis aos Aliados, como sobre os suprimentos alemães. No início da ocupação alemã, a comunicação era feita por mensageiros ou rádios de ondas curtas.

FRANTIŠEK MORAVEC

O líder da Inteligência tcheca, František Moravec, fugiu para Londres em 14 de março de 1939 em um voo KLM arranjado pelo SIS britânico, levando consigo os colegas mais importantes e arquivos de Inteligência.

Moravec continuou a trabalhar como chefe da Inteligência tcheca em Londres, junto com o presidente exilado Beneš. Moravec sincronizou suas operações e a Inteligência secreta com os grupos de Resistência tcheca e com a SOE britânica.

> HEYDRICH ERA CONSIDERADO UM DOS MEMBROS MAIS CRUÉIS DA LIDERANÇA SÊNIOR DO TERCEIRO REICH.

REINHARD HEYDRICH

Reinhard Heydrich era o chefe alemão da SS, da SD, da Gestapo e da *Sicherheitspolizei*. Ele também criou o *Einsatzgruppen*, uma equipe especializada em assassinato em massa de civis e judeus em áreas ocupadas pelo exército alemão. Em 1939, Heydrich se tornou chefe do *Reichssicherheitshauptamt*, RSHA (Escritório de Segurança Central do Reich). Era considerado um dos membros mais cruéis da liderança sênior do Terceiro Reich e líder da Solução Final. Na Operação Reinhard, campos de extermínio foram construídos em sua homenagem.

Heydrich tentou promover sua carreira assumindo o protetorado da Tchecoslováquia com a SS. Em 27 de setembro de 1941, o *obergruppenführer* da SS, Heydrich, assumiu o cargo do relativamente fraco Freiherr Konstantin von Neurath como *reichsprotektor* em Praga.

Quando Heydrich chegou em Praga, a lei marcial foi declarada imediatamente, seguida de um reinado de terror da SS em que todos os membros da Resistência que conseguiram sobreviver à ocupação alemã foram caçados. Prisões aleatórias, encarceramentos, deportações e execuções ocorriam com quem quer que remotamente se opusesse ao regime.

políticos britânicos e franceses preferiram tentar apaziguar Hitler concordando com sua exigência de assumir o controle da disputada região tcheca de Sudetenland. Assim, as forças alemãs conseguiram atravessar as defesas tchecas sem dar um único tiro. Quando ocuparam Sudetenland, Praga ficou totalmente sem defesas.

Em 15 de março de 1938, as forças alemãs invadiram a Boêmia e a Morávia, territórios tchecos, e as declararam seu protetorado. A Tchecoslováquia se tornou um estado fantoche.

Grupos de Resistência

Abaixo: Coronel Frantisek Moravec, ex-presidente Beneš, Jaromir Smutny e o ministro do exterior Jan Masaryk, em Putney, Londres, em novembro de 1939.

USTREDNI VEDENI ODBOJE DOMACIHO (UVOD) Inicialmente havia vários pequenos grupos de Resistência na Tchecoslováquia: *Politicke ustredi* (PU, Centro Político), *Peticni vybor Verni zustaneme* (PVVZ, "Permanecemos Fiéis") e *Obran naroda* (OW, Defesa Nacional). Devido a ataques a líderes e membros de grupos pequenos, todos se uniram para formar o UVOD.

7

TCHECOSLOVÁQUIA

Vendo o crescente avanço militar alemão e
especialmente a unificação de Anschluss com a
Áustria em março de 1938, a Tchecoslováquia iniciou
um programa urgente de construção de linhas de
fortificação, ao estilo da Linha Maginot na França.

EMBORA A TCHECOSLOVÁQUIA tivesse uma aliança de mútua defesa com a França, eles não estavam confiantes de que a França viria em seu socorro numa crise. Eles consideravam a Grã-Bretanha um dos personagens principais da guerra e, assim, convidaram um auxiliar militar do embaixador britânico para uma viagem guiada pelas fortificações, a fim de convencer os britânicos de que os tchecos estavam preparados para enfrentar um ataque alemão. Na época do Acordo de Munique, em setembro de 1938, a Tchecoslováquia já havia construído 264 casamatas e mais de dez mil fortificações menores.

Página ao lado: Soldados do exército exilado da Tchecoslováquia em parada militar em Praga, após o fim das hostilidades em maio de 1945.

A avaliação que o auxiliar militar do embaixador britânico fez foi que os tchecos poderiam aguentar por três meses, o que foi confirmado mais tarde por avaliações alemãs. No entanto, apesar da evidência em primeira mão de que os tchecos conseguiriam aguentar um ataque alemão e por isso mereciam apoio britânico e francês, o clima era de pacificação: os

POLÔNIA 159

para ajudar o Exército Nacional Polonês. No total, 73 aeronaves foram perdidas, a maioria durante a Revolta de Varsóvia, entre agosto e setembro de 1944.

No entanto, os paraquedistas geralmente eram enviados para a Polônia sob ordens do governo polonês exilado em Londres. Muitas de suas armas eram fornecidas pela SOE, que também lhes dava suporte logístico. Entre agosto de 1939 e junho de 1941, as aeronaves da RAF não conseguiam mais alcançar o leste da Polônia, ao passo que o oeste só podia ser alcançado em um voo de catorze horas em um bombardeiro Whitley. O alcance do bombardeiro Whitley era de 1.360 km, mas ele só conseguia transportar uma tonelada de suprimentos e agentes, além das necessárias sete toneladas de combustível. Depois da invasão aliada no sul da Itália, foi criado um quartel-general avançado para a SOE na Polônia, em Monopoli, próximo a Bari, dirigido por Henry Threlfall. Dali, os esquadrões 1.396 e 624 conseguiam voar em algumas missões para a Polônia em bombardeiros Halifax e *Liberator*.

Karski se tornou mensageiro entre a Resistência na Polônia e o governo polonês exilado, liderado pelo general Sikorski. Ele conseguiu se infiltrar clandestinamente no Gueto de Varsóvia a fim de reportar as condições de vida ali e, depois, encontrou-se com o ministro britânico estrangeiro, Anthony Eden, e com o presidente dos Estados Unidos, Theodore Roosevelt, para informá-los em primeira mão. Como resultado, em 17 de dezembro de 1942, os Aliados emitiram uma declaração condenando a exterminação dos judeus.

Abaixo: Paraquedista polonês em treinamento na Inglaterra.

SOE na Polônia

O chefe da SOE, coronel Gubbins, esteve na Polônia durante a *blitzkrieg* alemã de setembro de 1939. Ele foi firme em ajudar a Polônia sempre que possível, mas uma das principais dificuldades era a distância para o envio de agentes e suprimentos.

O primeiro envio da SOE para a Polônia foi em 15 de fevereiro de 1941 por uma aeronave Whitley. Foi uma viagem de catorze horas, ida e volta, que envolveu escapar de defesas antiaéreas e combatentes alemães. Apesar das dificuldades, foram feitos cerca de quinhentos envios para a Polônia ao longo da guerra e cerca de trezentos paraquedistas

ordens de se render. Do começo ao fim, Pilecki foi leal ao governo polonês exilado em Londres. Depois que os comunistas tomaram a Polônia no final da guerra, Pilecki voltou para lá a fim de reunir informações para o governo polonês exilado, mas foi preso pelas autoridades comunistas, torturado, falsamente julgado e executado como espião imperialista.

JAN KOZIELEWSKI

Conhecido como Karski, Jan Kozielewski era oficial da Brigada de Cavalaria de Cracóvia e famoso combatente da Resistência. Após a invasão da Polônia, ele foi capturado pelo Exército Soviético, mas conseguiu trocar de roupa e colocar um uniforme inimigo, evitando assim o destino dos oficiais poloneses no massacre de Katyn. Mais tarde foi entregue aos alemães, mas conseguiu escapar de um trem de prisioneiros de guerra e foi para Varsóvia se unir à Resistência.

Acima: Dr. Jan Karski, combatente e porta-voz da Resistência polonesa, em Nova York, 1988.

CICHOCIEMNI, "SOMBRIOS E SILENCIOSOS"

OS *CICHOCIEMNI* ERAM PARAQUEDISTAS de operações especiais que faziam parte do Exército Polonês exilado e eram treinados com ajuda da SOE para pousar na Polônia ocupada. Muitos dos 316 *cichociemni* que pousaram na Polônia foram capturados ou mortos em combate contra os alemães. Embora não fossem oficialmente agentes da SOE, eles usavam os mesmos métodos de treino e armas.

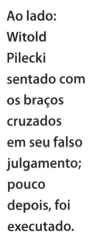

Ao lado: Witold Pilecki sentado com os braços cruzados em seu falso julgamento; pouco depois, foi executado.

WITOLD PILECKI

Witold Pilecki era oficial da cavalaria polonesa do 26º *Uhlans*, parte da 19ª Divisão de Infantaria. Depois da invasão da Polônia pela Alemanha e pela União Soviética, ele participou da fundação da Tajna Armia Polska (TAP, o Exército Secreto Polonês), que mais tarde passou a fazer parte da *Armia Krajowa*.

Motivado por suas convicções católico-romanas e pelo desejo de ajudar seus companheiros deportados pelos alemães para campos de concentração, Pilecki tomou a incrível decisão de se deixar capturar pelos alemães e ser enviado para Auschwitz. Sua intenção era reportar as condições de vida no campo, na esperança de motivar os Aliados a agir. No início, Auschwitz abrigava principalmente prisioneiros poloneses, mas depois passou a se encher de judeus poloneses e húngaros. Pilecki conseguiu contrabandear pequenos relatos de Auschwitz através de prisioneiros que fugiram em 1940 e 1941; depois escreveu um relato mais longo, conhecido como o Relato de Witold, quando ele mesmo fugiu, em 1943.

Após fugir de Auschwitz, Pilecki exerceu importante e heroico papel na Revolta de Varsóvia, em 1944, quando seu reduto resistiu até receber

OPERAÇÃO N

A OPERAÇÃO N FOI uma iniciativa de subversão e propaganda que visava enfraquecer a ocupação alemã na Polônia. Foram produzidas publicações bem pesquisadas em alemão, com cuidadosa atenção à forma de falar e aos costumes alemães, a fim de fazê-las parecer autênticas. Oficiais alemães específicos também foram alvo de falsas ordens e informações, e os alemães que viviam na Polônia recebiam falsas informações relacionadas a questões como toques de recolher.

No final, a operação de impressão foi descoberta e fechada pela Gestapo, e a *Armia Krajowa* assumiu a responsabilidade pela propaganda.

e outros suprimentos para futuras revoltas. Parte da organização se uniu à *Armia Krajowa* e participou da Revolta de Varsóvia.

NARODOWE SILY ZBROJNE (FORÇAS ARMADAS NACIONAIS), NSZ

Essa organização de Resistência era antinazista e antissoviética. Ela participou de batalhas contra a *Gwardia Ludowa* e outras forças comunistas de Resistência polonesa. Em 1944, a NSZ se dividiu: parte se uniu à *Armia Krajowa* e parte continuou combatendo os *partisan*s soviéticos e as atividades comunistas.

Ao lado: Witold Pilecki, quando jovem, em uniforme completo com medalhas à mostra.

e fundamentado no desejo de fazendeiros e camponeses de serem capazes de se defender dos alemães. Com base nesses princípios, o grupo de Resistência ficou mais ofensivo e parcialmente ligado à *Armia Krajowa* perto do fim da guerra, mas alguns membros se uniram à *Armia Ludowa* comunista. Os BC eram organizados em grupos baseados em torno de cidades polonesas como Varsóvia, Łodz, Cracóvia e Poznan.

Além de defender seus próprios interesses, principalmente agrícolas, os BC estavam comprometidos em defender também os direitos dos judeus poloneses e de outros grupos ameaçados pelas políticas nazistas. Uma das ameaças mais prementes enfrentada pelos BC era o plano alemão de repovoamento, em que as comunidades agrárias polonesas eram forçadamente retiradas de suas terras e as famílias eram separadas. A intensa Resistência dos BC prejudicou grandemente os planos alemães.

Acima: General Bór-Komorowski se rende aos alemães.

NARODOWA ORGANIZACJA WOJSKOWA (ORGANIZAÇÃO MILITAR NACIONAL), NOW

A organização NOW foi criada em outubro de 1939 e era leal ao governo polonês exilado. Ela sofreu vários revezes, pois alguns de seus líderes foram presos pelo NKVD soviético e a Gestapo fez prisões em massa de seus membros em 1940 e 1941.

A NOW realizava várias atividades de Resistência, como capturar colaboradores dos alemães, criar uma imprensa secreta e armazenar armas e apoiar a criação de um governo pró-soviético na Polônia. Portanto, ela foi deliberadamente criada para contrariar o objetivo da *Armia Krajowa*, que era restaurar o governo polonês exilado em Londres.

BATALIONY CHŁOPSKIE (BATALHÕES CAMPONESES), BC

O *Bataliony Chłopskie* era um dos mais populares movimentos de Resistência, vinculado ao Polish People's Party (Partido Polonês do Povo)

A REVOLTA DO GUETO DE VARSÓVIA

A GWARDIA LUDOWA ATUOU junto aos judeus do famoso Gueto de Varsóvia, local onde o povo judeu ficou de fato cercado e sobrevivendo com pouco alimento. Em 19 de abril de 1943, cerca de mil judeus ocupantes do gueto resistiram a tentativas alemãs de deportá-los para campos de concentração, como o de Treblinka. A *Gwardia Ludowa* ajudou alguns judeus a escapar, mas as represálias nazistas resultaram no massacre de trinta mil judeus, enquanto outros sete mil foram enviados para morrer nas câmaras de gás dos campos de concentração.

Acima: Judeus poloneses cercados no Gueto de Varsóvia, antes de serem deportados para campos de concentração.

o NKVD. Como o apoio soviético estava mais próximo do que o apoio dos Aliados no ocidente, a *Gwardia Ludowa* conseguiu exercer impacto significativo.

A *Guardia Ludowa* conseguiu realizar importantes operações de sabotagem de trilhos entre 1942 e 1943, explodindo linhas ferroviárias e descarrilhando trens, além de atacar diretamente locomotivas, estações e pontes ferroviárias.

ARMIA LUDOWA (AL)

A *Armia Ludowa* foi criada em 1º de janeiro de 1944 e englobou a *Gwardia Ludowa*. Seus objetivos eram lutar contra as forças ocupantes alemãs

SUBMETRALHADORA BŁYSKAWICA

Essa submetralhadora foi produzida pelo Exército Nacional Polonês e tinha um *design* parecido com a Sten Gun britânica e com a alemã MP40. Assim como a Sten, a Błyskawica era um modelo simples que podia ser fabricado em oficinas comuns. Tinha um mecanismo operacional de *blowback*, com ferrolho aberto e boa reputação de segurança. A produção da Błyskawica conseguiu suprir até certo ponto a falta de abastecimento de submetralhadoras Sten Guns, devido a dificuldades com os envios aéreos aliados.

Ao lado: Combatentes poloneses se movem entre os escombros de Varsóvia. O homem no centro está armado com uma submetralhadora Błyskawica.

Acima: Membros da *Armia Krajowa* carregam armas e munições durante a Revolta de Varsóvia em agosto de 1944.

civis poloneses com mais de duzentas mil execuções e destruíram a maior parte da cidade.

Após o fracasso da Revolta de Varsóvia, os soviéticos foram acusados de deliberadamente abandonar a Resistência polonesa para que fosse destruída pelos alemães e os soviéticos ficassem como poder predominante.

GWARDIA LUDOWA (GL)

A Guardia Ludowa era um movimento secreto de Resistência criado pelos membros do Partido Comunista dos Trabalhadores. Diferente de vários outros grupos de Resistência, a GL não era leal ao governo polonês exilado.

Desde sua formação, em 6 de janeiro de 1942, a Gwardia Ludowa tinha vantagem sobre outras unidades de Resistência devido ao fato de ter ajuda direta do Exército Soviético e do serviço de Inteligência soviética,

sistema ferroviário e serviu de treinamento para operações mais ambiciosas no futuro.

OPERAÇÃO ERA
Essa operação foi organizada para ser maior que a Operação Julia e para sincronizar com a Operação Overlord. No entanto, a Operação Era nunca se concretizou totalmente devido ao rápido avanço das forças soviéticas.

A REVOLTA DE VARSÓVIA
Esse movimento foi organizado pela *Armia Krajowa* e envolveu cem mil ocupantes do Gueto de Varsóvia. O governo polonês queria que a capital fosse libertada pelas forças polonesas antes que os soviéticos tivessem oportunidade de ocupá-la. Em 1º de agosto de 1944, os membros da *Armia Krajowa* assumiram o controle de grandes partes de Varsóvia. As forças soviéticas que se aproximavam da cidade não se moveram para ajudar a Resistência polonesa e assim as forças alemãs em Varsóvia conseguiram se reagrupar.

Abaixo: General Conde Tadeusz Bór-Komorowski, que liderava o Exército Nacional Polonês (Armia Krajowa).

Ao ver que a força russa liderada pelo general Rokossovsky ignorou os pedidos de ajuda dos Aliados, os britânicos e americanos organizaram um Levante Aéreo para Varsóvia a fim de prover armas e munição essenciais aos insurgentes poloneses. No entanto, sem a obstrução do Exército Soviético, os alemães conseguiram derrotar os insurgentes, muitos dos quais foram levados prisioneiros, incluindo o general Bór. Cerca de dezesseis mil insurgentes foram mortos no conflito. Por causa da revolta, os alemães se vingaram nos

OPERAÇÃO TEMPEST

O plano era proteger campos aéreos estratégicos a fim de poder receber reforços e suprimentos. Outros alvos estratégicos incluíam cidades. O plano também incluía guerrilha e operações de sabotagem.

A ideia inicial era criar dezesseis divisões de infantaria, três brigadas de cavalaria e uma brigada motorizada. Porém, esse plano ambicioso precisaria da ajuda de cerca de 250 aeronaves aliadas, o que seria um imenso problema logístico, pois os aviões já estavam sendo alocados para missões de bombardeio urgente.

As operações de sabotagem seriam direcionadas às ferrovias e outras infraestruturas essenciais, a fim de obstruir os movimentos alemães. As operações de guerrilha pretendiam prejudicar unidades alemãs retirantes até que estivessem do outro lado da fronteira.

O comandante da *Armia Krajowa* e da Operação Tempest era o general Tadeusz Bór-Komorowski. Depósitos secretos de armas haviam sido organizados antes da ocupação alemã e foram abastecidos com armas e outros suprimentos enviados por via aérea pela Inglaterra. Além disso, as armas alemãs também eram apropriadas de várias formas.

Em relação ao ressuprimento pelos aliados, as dificuldades logísticas de alcançar os mais de sessenta comitês de recepção da Resistência polonesa em todo o país foram prejudicados porque os voos precisavam ser feitos pelo sul da Itália. A partir da primavera de 1944, o número de voos aumentou bastante.

A REVOLTA DE LVOV

A *Armia Krajowa* organizou uma revolta em Lvov, em julho de 1944, como parte da Operação Tempest. Embora a Resistência polonesa tenha sido bem-sucedida em libertar a cidade dos alemães, quando as forças soviéticas chegaram, ocuparam a cidade e recrutaram ou deportaram os combatentes da Resistência polonesa.

OPERAÇÃO JULIA

A Operação Julia foi um plano para sabotar linhas ferroviárias entre Cracóvia e Lvov, e entre Łódz e Lvov. Embora relativamente pequena em escala, a operação criou tumulto por várias horas em diferentes partes do

Acima: General Wladyslaw Sikorski, primeiro-ministro polonês em exílio e comandante em chefe das Forças Armadas Polonesas, em seu escritório na Inglaterra.

da União Soviética, em 1990.

Da mesma forma que os judeus da Alemanha, os judeus poloneses foram alguns dos primeiros a sofrer toda a crueldade do Holocausto. Ministros poloneses seniores fizeram de tudo para alertar os governos ocidentais sobre a política nazista de extermínio e o movimento de Resistência polonês como um todo salvou mais vidas judias durante o curso da guerra do que qualquer outra organização aliada.

Armia Krajowa (AK), o Exército Nacional Polonês

A *Armia Krajowa* foi o maior exército de Resistência polonês. Era leal ao Polish Underground State (Estado Secreto Polonês) e ao governo polonês em exílio.

O general Wladyslaw Sikorski ordenou a todos os grupos de Resistência na Polônia que se unissem para formar o Polish Home Army (Exército Nacional Polonês) [também chamado de *Armia Krajowa*]. No entanto, alguns grupos discordaram da política de esperar até que os alemães estivessem fracos o suficiente para montar uma rebelião maior, o que só aconteceria quando as forças alemãs estivessem mais dispersas em várias frentes de batalha e quando os Aliados e as forças soviéticas cercassem a Alemanha.

6

POLÔNIA

Além da Tchecoslováquia, que foi invadida pela Alemanha em um ardil durante a Crise de Munique, a Polônia também sofreu as consequências dos primeiros movimentos de guerra alemães. E foi invadida não apenas pela Alemanha, em 1 de setembro de 1939, mas também pela União Soviética, em 17 de setembro.

EMBORA A invasão tenha aproximado Grã-Bretanha e França da guerra a fim de ajudar a Polônia, havia pouca coisa que pudessem fazer em termos práticos para ajudar os poloneses a derrotar os invasores alemães. Apesar de a Força Expedicionária britânica estar lutando bem perto, na Bélgica e na França, não serviu de nada contra a *blitzkrieg* alemã.

Página ao lado: Paraquedistas do Exército Polonês em manobras em algum ponto da Grã--Bretanha, em janeiro de 1944.

Em 6 de outubro, alemães e russos anexaram e dividiram a Polônia entre si, mesmo sem a Polônia ter se rendido oficialmente. Um estado secreto polonês foi formado para continuar organizando a Resistência. Milhares de oficiais poloneses fugiram para o oeste e fundaram o Polish Army in the West (Exército Polonês do Oeste), leal ao governo polonês exilado. O governo exilado foi para a França e depois para Londres, e continuou a existir mesmo depois da queda da Polônia sob domínio

militar holandesa em Londres), sobre o fato de que os arranjos de segurança, que haviam sido vazados, estavam afetando os agentes enviados para a Holanda. Frustrado com a falta de progresso, ele pediu transferência para a RAF, onde voou como desbravador em 72 missões em Mosquitos para o 139º Esquadrão. Tempos mais tarde, foi nomeado ajudante da Rainha Wilhelmina e, em 13 de março de 1945, levou-a em um voo para Antuérpia, de onde foi conduzida de carro para a fronteira holandesa.

de 1942, junto com Erik Hazelhoff Roelfzema, Peter Tazelaar e Chris Krediet. De Jonge chegou a Roterdã, onde ajudou a fundar o Grupo Kees para coletar informações para Londres. Depois que um dos mensageiros de Jonge foi preso pelos alemães, eles conseguiram rastrear De Jonge até seus aposentos em Roterdã, onde ele foi preso, enviado para o campo de concentração de Rowicz onde morreu em setembro de 1944.

ERIK HAZELHOFF ROELFZEMA

Erik Hazelhoff era estudante na Universidade de Leiden durante a ocupação alemã da Holanda e foi ativo em protestar contra as políticas alemãs em relação aos judeus. Depois que a universidade foi fechada, Hazelhoff tornou-se um *engelandvaarder,* indo de navio para a Inglaterra. Em Londres, alistou-se no Grupo Mews, treinado pela MI9. Em 23 de novembro de 1941, Hazelhoff e Peter Tazelaar foram enviados de *motor torpedo boat* e jangada para a Holanda. Na hora de voltarem, três meses depois, a *Sicherheitspolizei* apareceu, o que forçou Hazelhoff a fugir por terra para a Bélgica, de onde partiu para Lisboa e então voou para Londres.

Hazelhoff esteve envolvido em várias inserções na Holanda por jangada e *motor torpedo boat*. Depois que De Jonge foi capturado, Hazelhoff confrontou o coronel M. R. Brune, chefe da *Inlichtingendienst* (CID, Inteligência

Abaixo: Membro da Resistência holandesa forja documentos falsos.

Jan van Hoof era um astuto escoteiro que ajudou as forças aliadas durante a Operação Market Garden. Antes da chegada dos Aliados, van Hoof fez reconhecimento das pontes Waal enquanto fazia canoagem ou pescava. Ele prestou atenção principalmente quando os alemães colocaram fios nas pontes a fim de demoli-las se houvesse um ataque aliado. Quando as forças da 82ª Divisão Aérea pousaram perto de Nijmegen, van Hoof, vestido com seu uniforme de escoteiro, foi até o quartel-general americano levando seus desenhos e mapas das pontes, e ofereceu seus serviços de guia. Ele guiou o 508º Regimento de Infantaria de Paraquedas pela floresta próxima à cidade e através das pontes. Acredita-se que van Hoof tenha chegado até a ponte de Nijmegen durante a luta e cortado os fios de demolição sem ser notado.

Quando a British Guards Armoured Division (Divisão Blindada Britânica) chegou à região, van Hoof pegou carona em um carro de escoteiros Humber, mas ele foi atingido por um míssil antitanque alemão. O sargento e o motorista morreram e van Hoof ficou ferido. Os soldados alemães se aproximaram, espancaram van Hoof e atiraram em sua cabeça. Mas os veículos blindados aliados passaram pela ponte, os alemães não conseguiram destruí-la.

Grupo de Resistência CKC

Foram organizadas ações de Resistência individuais e em grupo a fim de proteger os judeus da deportação. Uma dessas ações era a produção de documentos falsos. Para resolver isso, os alemães começaram a comparar os documentos com os registros oficiais da população. O escultor Willem Arondeus, Frieda Belinfante e outros membros do grupo de Resistência CKC ajudaram a organizar um plano para explodir o escritório de registros em Amsterdã, em 27 de março de 1943, a fim de prejudicar o processo de checagem. Mais tarde, Arondeus foi capturado e executado.

ERNST DE JONGE

Ernst de Jonge era advogado holandês e remador olímpico, havia se mudado para Londres, mas veio às Índias Holandesas Orientais depois da invasão da Holanda. Ele foi recrutado pela MI9 e enviado para a Holanda em um *motor torpedo boat* da Marinha Real em 22 de fevereiro

ESCOTEIROS

Os nazistas tentaram banir o movimento mundial de escoteiros na Holanda, fundado na Inglaterra pelo lorde Baden-Powell, e tentaram absorver seus membros na Juventude de Hitler e em seu equivalente holandês, a *Nationale Jeugdstorm* (NJS). O Movimento Holandês de Escoteiros se recusou a concordar com os termos da Juventude de Hitler e da NJS, e continuou funcionando como uma organização clandestina.

deira de um carro oficial na entrada; era a bandeira do marechal Model. O grupo de Resistência Albrecht confirmou a informação de Knap sobre a disposição alemã na região.

NIJMEGEN

Em Nijmegen, a 82ª Divisão Aérea foi capaz de fazer uso bem mais amplo dos grupos de Resistência local do que em Arnhem. Eram recrutadas centenas de membros para ajudar pelotões de infantaria a atravessar a região e informar as tropas aliadas dos movimentos alemães.

DEPOIS DA BATALHA, OS GRUPOS DE RESISTÊNCIA HOLANDESES EXERCERAM IMPORTANTE PAPEL EM ABRIGAR SOLDADOS ALIADOS.

Muitos membros da Resistência usavam braçadeiras laranja e, apesar da falta de treinamento formal, costumavam lutar lado a lado com soldados americanos. A equipe Jed Clarence trabalhou com a 82ª Divisão Aérea na região de Nijmegen.

A equipe Jed Daniel I ficou responsável pela articulação com os grupos de Resistência na região de Eindhoven. No entanto, era difícil para os americanos saber com clareza quais eram os verdadeiros membros da Resistência, quais eram os civis amistosos e quais poderiam ser informantes alemães. Informações sobre os membros da Resistência eram restritas. Depois da batalha, os grupos de Resistência holandeses exerceram importante papel em abrigar soldados aliados que conseguiram escapar dos alemães, ajudando-os a voltar a seu país.

capitão Arie J. Bestebreurtje, do Exército Real Holandês, estava bastante familiarizado com a região de Nijmegen, por isso, foi capaz de prover valioso conhecimento em primeira mão do território. Havia também uma dúzia de comandos holandeses enviados para a divisão para ajudar a interpretar e fazer outras tarefas.

A equipe Daniel II foi enviada para a 101ª Divisão Aérea em Eindhoven e era composta de um oficial e um sargento britânicos e um oficial e um sargento holandeses. As tentativas da equipe de dialogar com a Resistência local foram obstruídas por dificuldades de identificação, mas o entusiasmo dos voluntários holandeses superou esses problemas. No total, dez comandos holandeses foram enviados para essa divisão a fim de realizar tarefas de interpretação.

A RESISTÊNCIA HOLANDESA E A OPERAÇÃO MARKET GARDEN

Os grupos de Resistência holandesa por toda a Holanda proviam valiosa e precisa informação, passada para os oficiais de comunicação na Inglaterra. Essa Inteligência incluía informações sobre o destacamento da 9ª e 10ª Divisão *panzer* da SS na região de operações de Arnhem. No entanto, muita informação não chegava aos comandantes seniores das unidades, como o coronel John Frost, que liderou a frente do ataque do Regimento Britânico de Paraquedas na ponte Arnhem. Ele teve grande surpresa quando se viu diante de uma divisão *panzer* alemã. Em 14 de setembro, o grupo de Resistência Kees reportou que a 9ª Divisão *panzer* SS *Hohenstaufen* fora localizada no rio Ijssel, entre Arnhem e Zutphen, e entre Zutphen e Apeldoorn, ao norte de Arnhem. Henri Knap, líder da Resistência holandesa em Arnhem, estava cada vez mais preocupado com a concentração de grandes forças alemãs na região de Arnhem, algumas das quais estavam voltando para a Alemanha. Ele pediu mais informações a sua rede e uma pista valiosa veio de um jovem chamado Wouter van de Kraats. Ele recebera a missão de descobrir quem estava ocupando o Hotel Tafelberg, visto que havia rumores de que um oficial sênior alemão estava morando ali. Junto com o oficial vieram vários vigias e policiais.

De Kraats passou pela área de bicicleta e, quando parou em um posto de vigia, disse que trabalhava na estação de petróleo próxima ao hotel. Quando atravessou o portão da pousada, De Kraats conseguiu ver a bande paraquedistas britânicas e americanas a fim de ajudar no diálogo com agentes de Resistência local. A equipe Edward foi nomeada para o quartel do general Browning, composta de um oficial holandês, um americano, dois britânicos e um sargento técnico americano. Sua missão era empregar a Resistência local holandesa em campo para reunir informação da Inteligência de grupos da Resistência dentro ou fora da força aérea e supervisionar os membros da Resistência que serviam de guias.

A equipe Claude, nomeada para a 1ª Divisão Aérea Britânica, era composta de um oficial americano, dois holandeses e um sargento técnico americano. Além de ter perdido o rádio, a missão da equipe Jed foi dificultada na região de Arnhem pelo cenário tático complexo e em rápida mudança que logo incluiu grande pressão de poderosas forças alemãs no local.

A equipe Clarence, ligada à 82ª Divisão Aérea em Nijmegen, tinha um oficial holandês, um americano e um sargento técnico americano. O

Abaixo: Jovens holandeses entusiasmados ajudam paraquedistas americanos a se localizarem na região durante a Operação Market Garden, em setembro de 1944.

NATIONAL SUPPORT FUND (NSF), FUNDO DE SUPORTE NACIONAL

Essa organização foi criada para prover fundos para os grupos de Resistência. Seu líder era Walraven van Hall, que havia trabalhado em um banco de Wall Street antes da guerra. Van Hall cooperava com o governo holandês em Londres para prover fundos e conseguiu remover grandes quantidades de dinheiro do Banco Nacional Holandês bem debaixo do nariz de seu chefe simpatizante dos nazistas, Rost van Tonningen. Mais tarde, Van Hall foi traído por um colaborador holandês e executado em 12 de fevereiro de 1945, em uma das vinganças por assassinatos feitos pelo grupo de Resistência holandesa CS 6.

Equipes Jedburgh na Holanda

Várias equipes Jedburgh, a maioria com oficiais holandeses, foram nomeadas para as divisões

Abaixo: O líder nacional socialista holandês, Anton Mussert, discursa a membros do NSB em The Hague, em outubro de 1941. Atrás dele está o *rijkscommissaris* **Arthur Seyss-Inquart, o general Seyffardt e o** *obergruppenfuhrer* **Hanns Albin Rauter da SS.**

Acima: Wally van Hall montado em uma bicicleta, com uma maleta amarrada na parte de trás. Antigo banqueiro, levantou fundos para a Resistência usando seus conhecimentos do sistema financeiro.

a tropas alemãs invariavelmente levavam a represálias, a opção preferida era a sabotagem.

GRUPO DE RESISTÊNCIA CS 6
Esse grupo de Resistência era formado pelo Dr. Gerrit Kastein, com Gideon e Jan Karel Boissevain. Em sua melhor fase, teve cerca de quarenta membros. O grupo CS 6 focava principalmente no assassinatos de oficiais alemães de alto escalão, além de colaboradores holandeses. Algumas das vítimas notáveis foram o comandante da legião SS Holandesa, general Seyffardt, e alguns chefes de polícia. A SS Holandesa reagiu aos assassinatos com outros assassinatos, na Operação Silbertanne. Os alemães retaliaram com centenas de execuções e deportações para campos de concentração. Em certo ponto, a CS 6 foi degradada por informantes.

Kastein conseguiu reunir informações sobre as defesas costeiras alemãs na Holanda e fez preparativos para enviá-las para Londres via Suécia. No entanto, seu intermediário era um agente duplo alemão a serviço da SD, que alterou a informação antes de enviá-la para Londres. Em 19 de fevereiro de 1943, Gerrit Kastein foi capturado pela SD em um encontro com um associado. Apesar de ter feito várias tentativas de fuga, Kastein acabou sendo levado para Binnenhof, no centro de The Hague, onde foi amarrado a uma cadeira antes do interrogatório. Ele se jogou da janela do segundo andar, ainda amarrado à cadeira, e morreu por fratura no crânio.

DUTCH-PARIS

A ROTA DE FUGA CONHECIDA como Dutch-Paris começou com um holandês chamado John Weidner. Sua motivação inicial era ajudar judeus a escapar pela fronteira com a Suíça. Bem familiarizado com a região da fronteira suíça por causa de expedições de alpinismo, Weidner começou uma empresa em Annency para poder ter acesso legal à região da fronteira. Tempos depois, a rota Dutch-Paris também foi usada pelo crescente número de pilotos aliados com aviões abatidos na Holanda. Outras rotas de fuga também foram criadas, como a que passava por Toulouse em direção aos montes Pireneus e à Espanha.

de recepção. Eles levavam novos *kits* de rádio *one-time* e, quando um dos agentes, de codinome Cricket, enviou sua primeira mensagem em 5 de maio, a SOE em Londres fez dupla checagem para garantir que os códigos de segurança estavam certos. Cricket estava trabalhando para dar suporte à organização de Resistência holandesa RVV. Em 8 de maio, o agente de codinome Swale enviou sua primeira mensagem de um sótão em Amsterdã. Novamente, seus códigos de segurança estavam certos.

Cerca de dez dias depois, Swale perguntou a Londres se eles poderiam lhe informar a data da planejada invasão da Europa (Dia D). A SOE percebeu que duas de suas checagens de segurança estavam incorretas e ficou claro que ele fora pego. Eles enviaram uma pergunta de segurança pré-combinada para dupla checagem: "O que você sabe?" A resposta certa era "soldado americano", mas a resposta que receberam foi "marinheiro americano". Em 22 de maio, Cricket enviou uma mensagem pedindo envio de suprimentos. Três de suas checagens de segurança estavam incorretas. Londres informou Cricket de que não poderiam aceitar o plano para o envio de suprimentos.

KNOKPLOEGEN

Essa organização tomou medidas ativas contra a ocupação alemã focando principalmente em operações de sabotagem, mas incluía assassinato de soldados alemães e de colaboradores holandeses. Como os ataques

Bombardeiros) decidiu parar todos os voos da RAF para os Países Baixos até segunda ordem.

Apesar dos gritantes alertas dos dois agentes holandeses que escaparam, eles continuaram a ser vistos com suspeita pelos britânicos e foram presos em regime aberto quando voltaram à Inglaterra. A situação só foi finalmente resolvida pela liderança da SOE quando receberam uma mensagem em texto aberto vinda do chefe de codificação alemão Heramn Giskes:

À BLUNT,* BINGHAM E SUCCS LTDA., LONDRES. DA ÚLTIMA VEZ VOCÊS TENTARAM FAZER NEGÓCIOS NA HOLANDA SEM NOSSA ASSISTÊNCIA CÂMBIO CONSIDERAMOS ISSO MUITO INJUSTO EM VISTA DE NOSSA LONGA E BEM-SUCEDIDA COOPERAÇÃO COMO SEUS ÚNICOS AGENTES CÂMBIO MAS NÃO IMPORTA QUANDO VIER VISITAR O CONTINENTE TENHA CERTEZA DE QUE SERÁ RECEBIDO COM O MESMO CUIDADO E ATENÇÃO QUE TODOS OS QUE ENVIOU ATÉ AGORA ANTES DE PARAR POR TANTO TEMPO 1º de abril de 1944, enviado por rádio HECK/BLUE.

A demora no envio de agentes e suprimentos, mais a fuga de Ubbink e Dourlan, provavelmente convenceram os alemães de que o jogo havia terminado.

Em 30 de abril, cinco agentes holandeses foram enviados de paraquedas para a Holanda sem preparativos de um comitê

Abaixo: Poster convida homens a se unirem à *Weerbaarheidsafdeling (WA)*, braço paramilitar do Movimento Nacional Socialista Holandês.

perigo era que a Seção Holandesa não estava dando a devida atenção a um desastre crescente.

Quando dois agentes da SOE, Pieter Dourlan, codinome Sprout, e Ben Ubbink, codinome Chive, fugiram da Holanda para a Suíça, eles reportaram que a maior parte da Resistência holandesa estava nas mãos do inimigo. Eles confirmaram que os alemães estavam esperando para prendê-los logo que chegaram à Holanda, em novembro de 1942 e março de 1943, respectivamente. Os dois agentes deram o nome de outros 23 agentes que também estavam na prisão de Haaren. Os alemães não só estavam controlando os agentes, mas tinham total conhecimento dos procedimentos e códigos da SOE e estavam usando vários de seus *kits* de rádio.

Para piorar as coisas para os chefes da SOE, seus rivais do SIS também ficaram sabendo desse desastre e aconselharam seus agentes a ficar longe dos agentes da SOE. As notícias sobre o fiasco holandês se espalharam e logo a SOE recebeu a visita de um oficial sênior da Real Força Aérea. A RAF já estava correndo sérios riscos levando agentes em voo sobre o espaço aéreo holandês muito protegido e não estava preparada para continuar a voar, sendo que as missões estavam sendo ordenadas e coordenadas por alemães.

O chefe do Bomber Command (Comando de

Abaixo: Departamento de monitoramento da Rádio Oranje, programa holandês da BBC Europa.

Seção N Holandesa da SOE continuou ignorando os alertas e enviando agentes e suprimentos para a Holanda, apesar de estarem caindo
diretamente nas mãos dos alemães. Cerca de cinquenta agentes foram
capturados.

O chefe de codificação da SOE, Leo Marks, tinha fortes suspeitas do
que estava acontecendo na Holanda, mas seus esforços para persuadir
o alto comando foram ignorados
por falta de evidência satisfató-
ria. Uma das características que
Marks notou nas mensagens da
Holanda era que, comparadas às
mensagens de agentes de outros
países, as da Holanda tinham
bem poucos trechos "indecifráveis". Esses erros eram comuns
entre agentes enviando códigos sob pressão, em um país estrangeiro
ocupado, com caminhões de detecção procurando por eles. A falta de
indecifráveis nas mensagens holandesas significava para Marks que
quem quer que estivesse enviando as mensagens tinha muito tempo disponível. O outro aspecto era a eficiência alemã.

**OS ALEMÃES NÃO APENAS
ESTAVAM CONTROLANDO
OS AGENTES, MAS TINHAM
TOTAL CONHECIMENTO DOS
PROCEDIMENTOS E CÓDIGOS
DA SOE.**

Olhando com atenção as mensagens enviadas da Holanda, Marks
notou outras características suspeitas. Agentes que deveriam estar
voltando para a Inglaterra misteriosamente desapareciam. Um agente se ofereceu para codificar mensagens no lugar de outro. Em uma
mensagem, a palavra holandesa "Prijs" foi escrita errada em alemão,
"Preis". Em outra ocasião, um dos operadores em Londres terminou
a mensagem para um agente na Holanda, de codinome Netball, com
as letras "HH" de "Heil Hitler". Netball imediatamente respondeu
com "HH" – essa era a forma instintiva de resposta de um operador
de rádio alemão.

A Seção Holandesa geralmente piorava o problema pedindo aos agentes que repetissem as mensagens, ou mostrando onde eles erraram nas
checagens de segurança e até descrevendo quais eram essas checagens.
Marks afirmou: "A Seção Holandesa atribuiu toda confusão aos perigos naturais da comunicação clandestina". Em sua opinião, o verdadeiro

ENGELANDVAARDERS

Os ENGELANDVAARDERS, ou "Viajantes da Inglaterra", eram holandeses que conseguiam chegar à Inglaterra e continuavam a lutar contra a Alemanha. Para uns, chegar à Inglaterra significava uma perigosa viagem pelo Mar do Norte, geralmente em um barco pequeno. Outros usavam uma rota de fuga que atravessava Bélgica, França, Espanha ou Portugal, ou ainda via Suécia ou Suíça. Muitos *engelandvaarders* foram capturados e depois fuzilados ou encarcerados em campos de concentração. Os que conseguiam chegar à Inglaterra muitas vezes passavam a servir nos navios da Marinha Real Holandesa ou lutavam nos esquadrões holandeses da Real Força Aérea, como o 322º Esquadrão, ou ainda se uniam à Brigada da Princesa Irene. Outros foram selecionados para atuar na SOE e enviados de paraquedas de volta à Holanda.

Ao lado: Homens do Serviço Real Holandês Marinho e Aéreo ao lado de seu bombardeiro Lockheed Hudson.

sabendo que poderia indicar para Londres que fora pego usando seu código de segurança pré-combinado. Em seu caso, o código era fazer um erro ortográfico intencional a cada 16ª letra codificada. Apesar disso, a Seção N Holandesa da SOE em Baker Street não percebeu o alerta, considerando-o apenas um erro. Esse foi o início de um dos maiores escândalos e mais trágicos desastres de segurança da Segunda Guerra Mundial.

Percebendo que Londres estava ignorando seu alerta de segurança, Lauwers foi mais incisivo em sua tentativa de alertá-los. Em uma mensagem usou as letras *"ght"* e *"cau"* em diferentes partes da mensagem, para indicar a Londres a palavra inglesa *"caught"* ["fui pego"]. Mas a

Agentes holandeses

Aart Alblas trabalhou na Resistência holandesa coletando informações valiosas sobre destacamentos e atividades dos alemães. Em março de 1941, ele pegou um *motorboat* para a Inglaterra e lá entregou suas informações. Então, Alblas foi recrutado pelo SIS britânico e, em 5 de julho de 1941, foi enviado de paraquedas com um *kit* de rádio para perto de Groningen, na Holanda. Alblas encontrou uma casa segura em Zandvoort, cidade da costa oeste de Amsterdã, de onde viajava pelo país fazendo contato com membros da Resistência holandesa e reunindo informações valiosas para transmitir. Alblas foi pego pelos alemães em 19 de julho de 1942; depois de ficar preso em Scheveningen foi enviado para o campo de concentração de Mauthausen e executado em 7 de setembro de 1944.

ENGLANDSPIEL

Na noite de 7 de setembro de 1941, Thijs Taconis "Catarrh" e Hubertus Lauwers "Ebenhaezer" pousaram de paraquedas próximo a Ommen, no leste da Holanda. Taconis foi para Arnhem, onde planejava organizar grupos e comitês de recepção. Ele enviou sua primeira mensagem para Londres em 3 de janeiro de 1942.

Em 9 de março de 1942, Taconis foi preso pelos alemães e enviado para o campo de concentração de Mauthausen, onde foi executado em 6 de setembro de 1944 com outros vinte e três agentes holandeses.

Em 6 de março, Hubertus Lauwers foi preso em seu esconderijo em The Hague pelo major Hermann Giskes, da *Abwehr*. Ele foi enviado para a prisão de Scheveningen, onde foi persuadido por Giskes a enviar mensagens alemãs para a SOE. Lauwers consentiu,

Abaixo: Este radiotransmissor secreto foi usado pela Resistência holandesa em Roterdã.

Em 19 de janeiro de 1942, Brandsma foi preso pela Gestapo e levado para a prisão em Scheveningen. Em 12 de março, ele foi levado para a colônia penal de Amersfoorts e forçado ao trabalho braçal. Durante esse tempo, Brandsma deu ajuda espiritual aos companheiros de prisão, sendo especialmente atencioso com os judeus. Mais tarde, Brandsma foi enviado para o campo de concentração de Dachau e, em 26 de julho de 1942, recebeu uma injeção letal na ala de experimentação médica.

Por causa da Resistência da igreja católica a suas ordens e ao suporte dado aos judeus, os nazistas prenderam todos os católicos de origem judia na Holanda, incluindo a freira carmelita Edith Stein (Irmã Teresa Benedita da Cruz), que foi enviada para Auschwitz. Ela morreu na câmara de gás em 9 de agosto de 1942. As igrejas protestantes holandesas também se opuseram à forma como os nazistas tratavam os judeus e, junto com os colegas católicos, proveram fundos para organizações que encontravam abrigo seguro para judeus e outras minorias perseguidas.

CORRIE TEN BOOM

Corrie ten Boom era cristã praticante e trabalhava como relojoeira em Haarlem. Ten Boom e sua família abrigaram judeus ao atuar como membros da Resistência holandesa. A Resistência os ajudou a construir um anexo secreto em sua casa no qual os fugitivos se esconderam. Em fevereiro de 1944, Ten Boom e sua família foram traídos por um informante holandês e levados para a prisão de Scheveningen em The Hague. No entanto, os alemães não descobriram os dez refugiados escondidos na casa, todos conseguiram escapar. Tempos depois, Corrie e Betsie ten Boom [sua irmã] foram transferidas para o campo de concentração de Ravensbrück, onde Betsie morreu.

Abaixo: Corrie ten Boom é uma prova viva do espírito de compaixão pelo sofrimento dos judeus e de outras minorias perseguidas pelos nazistas.

Acima: Anne Frank escreveu seu famoso diário durante o tempo que esteve escondida dos alemães em Amsterdã.

Voskuijl. Em 4 de agosto, o esconderijo dos Frank foi invadido pela *Grüne Polizei* e a família Frank foi deportada para Auschwitz. Aqueles que os ajudaram também foram presos. Não se sabe exatamente quem delatou a família Frank às autoridades.

Testemunhos

Entre os testemunhos individuais de Resistência estão os de religiosos como Titus Brandsma, filósofo e padre católico carmelita. Depois de uma ordem nazista para que todos os jornais religiosos passassem a publicar documentos e informes oficiais nazistas, a Conferência Católica de Bispos enviou instruções, pessoalmente entregues por Brandsma, para pelo menos trinta editores de jornais católicos, dizendo que ignorassem a nova lei. Isso contrariou as tentativas de fazer a União de Trabalhadores Católicos servir ao Movimento Nacional Socialista e de fazer as escolas católicas recusarem alunos judeus.

QUEDA DE AVIÃO

Um avião USAF B-17 do 863º Esquadrão Bombardeiro estava voltando de uma missão de bombardeio na Alemanha quando caiu perto da cidade de Sassenheim e os tripulantes foram rapidamente escondidos pelo povo holandês local. O operador de rádio, Albert Cobb, foi levado para a casa da família Kapteyn, onde ficou escondido de novembro de 1944 a fevereiro de 1945. Depois, Cobb e os outros membros da tripulação foram para Roterdã e em seguida para o sul, ao encontro das forças aliadas em avanço.

ONDERDUIKERS

A *Landelijke Organisatie Voor Hulp aan Onderduikers* (LO) foi criada para ajudar rapazes holandeses conhecidos como *onderduikers* que fugiam das leis alemãs de trabalho forçado. Eles geralmente eram escondidos pelas famílias e ajudavam fazendeiros locais. Como não podiam conseguir comida com cupons, a LO dava cupons a qualquer pessoa que estivesse escondendo um *onderduiker*, além de ajudar de outras formas.

da Resistência, não bastasse o fato de sempre haver a possibilidade de haver simpatizantes nazistas entre os holandeses. Com a ocupação alemã, os holandeses rapidamente se revoltaram contra as sistemáticas prisões e deportações de judeus, muitos dos quais haviam buscado abrigo na Holanda depois do genocídio na Alemanha. Várias organizações secretas surgiram para proteger o povo judeu, como a Utrechtse Kindercomité, a Landelijke Organisatie voor Hulp aan Onderduikers (LO) e a Naamloze Vennootschap.

Em fevereiro de 1941, ocorreu uma greve geral em protesto contra as deportações, mas foi cruelmente silenciada por soldados alemães que atiraram nas multidões. Apesar disso, os holandeses continuaram a organizar greves em 1942, 1943 e 1944. A greve ferroviária de 1944 ocorreu especificamente para ajudar os Aliados durante a Operação Market Garden e na tentativa de tomar a ponte de Arnhem.

ANNE FRANK

O exemplo mais famoso da simpatia holandesa em relação ao sofrimento dos judeus foi a proteção da família judia Frank, que se mudara da Alemanha. Quando os alemães invadiram a Holanda, os Franks ficaram presos e se esconderam em um prédio em Amsterdã no qual Otto Frank tinha um negócio. Sua filha Anne escreveu seu famoso diário até que a família foi capturada pela Gestapo.

Hermine Santruschitz, também conhecida como Miep Gies, foi uma das holandesas que ajudou a abrigar a família Frank e outros quatro judeus. Os outros ajudantes foram Victor Kugler, Johannes Kleiman e Bep

e, em 13 de maio, a Rainha Wilhelmina e o governo holandês navegaram no HMS *Hereward* para a Inglaterra. Em 14 de maio, o comandante em chefe holandês, general Henri Gerard Winkelman, concordou com uma rendição parcial aos alemães, a fim de evitar que Roterdã e Utreque fossem bombardeadas. Porém, devido a uma falha de comunicação alemã, o bombardeio de Roterdã acabou acontecendo e causou várias mortes.

A Holanda permaneceu formalmente em guerra com a Alemanha e vários navios da Marinha Real Holandesa e de mercadores holandeses partiram para os portos da Grã-Bretanha. A Rainha Wilhelmina continuou a apoiar a Resistência na Holanda com frequentes transmissões na Rádio Oranje, suportada pela BBC.

Grupos de Resistência Holandeses

Foi incomum o fato de a Holanda ter sido ocupada pela SS e não pela *Wehrmacht*[1]. Isso a tornou um ambiente mais perigoso ainda para os membros

Abaixo: Judeus holandeses são cercados por soldados alemães em Amsterdã. Estima-se que 70% da população judia da Holanda foi dizimada pelos nazistas durante a guerra.

---

1 N. T.: *Wehrmacht* foi o nome dado à união das forças armadas alemãs – o exército (*Heer*), a marinha (*Kriegsmarine*) e a aeronáutica (*Luftwaffe*).

5

HOLANDA

Embora a Holanda tivesse dez divisões a sua disposição e quase outras dez na reserva para enfrentar o 18º Exército Alemão, tinha também uma extensa fronteira para defender e não estava preparada para a tática *blitzkrieg* de guerra moderna.

EM AUDACIOSOS movimentos, a *Fallschirmjägger* alemã saltou por cima das defesas de fronteira holandesas e chegou aos campos aéreos próximos de The Hague e das pontes de Moerdjik, Dordrecht, a sudoeste de Roterdã. Embora os paraquedistas alemães próximos a The Hague não tenham conseguido fazer a Rainha Wilhelmina e o governo holandês de reféns para forçar sua rendição, os holandeses se depararam com uma série de problemas.

Em 11 de maio, a principal força holandesa recuou para Breda, no sul do país, onde recebeu apoio do 7º Exército Francês, que avançara para lhes dar suporte. Contudo, essa manobra deixou descoberta a área central da Holanda, pela qual os tanques alemães avançaram até Roterdã. Em 12 de maio, as forças holandesas se retiraram para a linha Fortress-Holland, defendendo Utreque e Amsterdã

Página ao lado: Membros da Resistência holandesa capturam soldado alemão no vilarejo de Valkenswaard, em setembro de 1944. O homem da esquerda parece estar de uniforme policial, enquanto o da direita segura uma granada alemã *Stielhandgranate*.

Chocados com esse tratamento bárbaro, três membros da Resistência planejaram parar um dos trens próximo à estação de Boortmeerbeek, a 10 km de Mechelen. Os membros da Resistência usaram a simples estratégia de colocar uma lanterna vermelha na frente do trem para fazê-lo parar. Robert Maistriau, um dos membros da Resistência, relata: "Os freios fizeram um barulho infernal e, a princípio, fiquei paralisado. Segurei minha tocha na mão esquerda e com a direita tentava me ocupar com o alicate." Infelizmente, os ocupantes dos vagões ficaram tão perplexos e assustados quanto ele e nem todos entenderam o que estava acontecendo. "Finalmente consegui erguer a pesada porta do vagão de gado. Usei minha tocha para iluminar o vagão. Rostos pálidos e assustados olharam para mim. 'Fujam, fujam', gritei e os apressei, '*schnell, schnell, flichen sie*! ('rápido, rápido, fujam!')". A essa altura os guardas alemães estavam atirando nele e Maistriau correu para se proteger junto com os prisioneiros que conseguiram escapar. Ele lhes disse para manterem a cabeça baixa até o trem partir.

Tempos mais tarde, Robert Maistriau se uniu à Resistência em Ardennes, mas foi capturado pela *Sicherheitspolizei* e mandado para vários campos de concentração alemães. Ele conseguiu sobreviver até ser libertado pelos Aliados. Seu colega Youra Livchitz foi preso pela *Feldgendarmerie* e executado em fevereiro de 1944. Jean Frankelman também foi preso, mas sobreviveu ao aprisionamento no campo de concentração de Sachsenhausen.

Abaixo: Belgas cobrem os caixões de 34 jovens combatentes da Resistência executados pelos alemães.

Ao lado: Youra Livchitz, Robert Maistriau e Jean Frankelman, os três combatentes da Resistência que pararam um trem que levava judeus para um campo de concentração, permitindo que alguns escapassem.

Catherine e Aarens foram para Mons, onde Aarens tentou montar a comunicação de rádio, mas foi descoberto pela Gestapo e preso. Catherine conseguiu sabotar vinte locomotivas e causar outras interferências, mas foi preso em janeiro de 1943 e enviado para o campo de concentração de Dachau.

O 20º Comboio

Durante a ocupação alemã na Bélgica, judeus e outras minorias foram perseguidos e, a partir de julho de 1942, foram enviados para o campo de passagem de Mechelen, antigo quartel belga, agora controlado pela *Sicherheitspolizei* [polícia de segurança] alemã. Dali, os trens levavam os cativos até outros campos na Polônia, como Auschwitz. Dois trens partiam toda semana, cheios de centenas de pessoas.

O TREM FANTASMA

QUANDO OS ALIADOS ESTAVAM perto da Bélgica, os nazistas decidiram carregar um último trem com 1.500 combatentes da Resistência capturados, judeus que sobraram de outras execuções e várias outras pessoas que consideravam indesejadas. O trem deveria levar os ocupantes para uma sombria existência nos campos de concentração da Alemanha.

Contudo, os trabalhadores ferroviários belgas tinham outros planos e o trem foi sendo continuamente parado por uma confusão nos trilhos em um local, falta de carvão em outro e uma série de outras desculpas. No final, os alemães ficaram tão contrariados que abandonaram o trem. Os ocupantes foram salvos da morte praticamente certa nos campos de concentração.

Acima: Multidões observam o dano causado pelas atrocidades alemãs na véspera da Páscoa Judaica em Anvers, Bélgica, 1941.

André Wendelen servira no *Belgian Carabiniers*. No início da guerra, fugiu para a Inglaterra, onde foi recrutado e treinado pela SOE. Wendelen logo ficou conhecido em cursos de treinamento na Inglaterra e em Arisaig, na Escócia. O Grupo G foi montado com uma série de grupos menores, a fim de protegê-lo de infiltração pela *Abwehr*; porém, como em muitas operações da Resistência belga e da holandesa, os alemães conseguiram capturar vários agentes do Grupo G. Em 28 de janeiro de 1942, quatro agentes enviados de paraquedas pousaram na Bélgica, vindos de um bombardeiro Whitley da base Tempsford da RAF. Os agentes eram Wendelen, codinome Mandamus, o sargento Oscar Catherine, codinome Manfriday, J. Brion, codinome Majordomo, e Gaston Aaerens, codinome Intersection.

Wendelen prometeu fornecer equipamento essencial de sabotagem a Jean Burgers, como plásticos explosivos, *kits* de rádio e peritos para operá-los, além de até dez milhões de francos em dólares americanos por mês.

L´ARMÉE SECRÈTE (AS), O EXÉRCITO SECRETO

Após a controversa rendição à Alemanha, o Exército Secreto belga era formado principalmente por oficiais e soldados belgas e tornou-se um exército oculto que tentava ao máximo manter contato com o governo belga exilado, com a SOE e a MI9.

FINGINDO SER AGENTES DA SOE, OPERADORES DE RÁDIO ALEMÃES ENVIAVAM MENSAGENS PARA LONDRES PEDINDO SUPRIMENTOS.

O Exército Secreto se tornou a principal ligação com os Aliados durante os preparativos para a invasão aliada da Europa. Assim como os grupos de Resistência na França, o Exército Secreto belga foi alertado para esperar até o momento certo e só então iniciar operações de sabotagem sincronizadas com as forças de invasão aliadas.

GROUPE GENERAL DE SABOTAGE DE BELGIQUE

O Grupo G foi fundado em parceria com André Wendelen. Em 28 de janeiro de 1942, ele foi enviado para a Bélgica, onde se encontrou com Jean Burgers, engenheiro recém-formado pela Universidade Livre de Bruxelas, que começou a recrutar outros alunos e professores da universidade. O foco principal do Grupo G eram atividades de sabotagem contra as forças ocupantes alemãs, principalmente no período próximo aos desembarques do Dia D.

FUNKSPIEL

TENDO CAPTURADO VÁRIOS AGENTES e seus rádios, os alemães começaram o chamado *funkspiel*, ou "jogo do rádio". Fingindo ser agentes da SOE, operadores de rádio alemães enviavam mensagens para Londres pedindo suprimentos e combinando comitês de recepção para novos agentes. Assim, os agentes pousavam direto nos braços da Gestapo. Outras vezes, a Gestapo permitia que o agente pousasse em segurança e então o seguia até uma casa segura, onde prendia o agente e os colaboradores. Em uma ocasião, a Gestapo também encontrou uma extensa lista de endereços que lhe permitiu rastrear cerca de duzentos combatentes da Resistência belga.

matá-lo. Infelizmente, o responsável pela execução seguiu o homem errado e Masson fugiu.

FLORENTINO

À medida que mais soldados aliados conseguiam fazer a rota Comet em segurança, os alemães aumentaram esforços para interceptar os agentes intensificando as patrulhas na fronteira montanhosa. Ao voltar de uma de suas viagens para a Espanha, Florentino, o guia basco, encontrou uma patrulha alemã, que atirou em sua perna e ombro quando tentou fugir. Ele foi levado ao hospital de Bayonne para se recuperar enquanto aguardava interrogatório da Gestapo.

Os agentes Comet da região vieram em seu socorro. Em 27 de julho, disfarçados de agentes da Gestapo, eles entraram no hospital e levaram Florentino deixando um falso documento com o diretor do hospital dizendo que Florentino fora levado sob custódia. Então, eles o levaram em um furgão até uma casa segura em Biarritz.

Abaixo: Locomotiva sabotada pela Resistência belga na linha Louvain-Ottignies, em 30 de julho de 1943.

Acima: Combatentes da Resistência belga pegam carona em um Lorraine 37L autopropulsado capturado dos alemães, em Antuérpia, 1944.

trabalhar no escritório da MI9 em Londres, mas ela estava sempre inquieta, desejando voltar à ação e estar com seus amigos.

TRAIÇÃO

Quando o pai de Dédée, Frederic de Jongh, montara a rota Comet em Paris com seu associado Robert Ayle, em abril de 1943, ele havia recrutado um jovem belga promissor, chamado Jean Masson. O jovem dizia ter muitos contatos que poderiam ajudar os aeronautas a atravessar a fronteira belga. De Jongh enviou Masson para Bruxelas a fim de buscar alguns aeronautas e trazê-los de volta a Gare du Nord, em Paris, de onde seriam guiados por Jean-François. Depois de uma viagem bem-sucedida, Jongh pediu a Masson que fizesse o mesmo serviço de novo.

Desta vez, Masson pediu que mais membros da rota Comet estivessem na recepção em Lille e em Paris. Quando Masson chegou a Lille, entregou dois aeronautas aos agentes Comet. Em seguida, todos eles foram presos pela Gestapo. Masson continuou a viagem de trem até Paris com o restante dos aeronautas, e lá se encontraram com De Jongh, Robert Ayle e sua esposa. Quando Masson se aproximou com os aeronautas, eles rapidamente foram cercados pela Gestapo e presos. Ao serem levados para o quartel-general da Gestapo, Masson revelou quem era e zombou dos agentes Comet. Mais tarde, De Jongh e Robert Ayle foram executados pela Gestapo.

Agora que Thomas Rutland e Daniel Moulton tinham certeza de que Masson era traidor, eles contataram a Resistência francesa para

JORNAIS SECRETOS

A BÉLGICA TINHA UMA surpreendente imprensa da Resistência, que produzia jornais e folhetos apoiando diversas causas. Os jornais secretos ajudavam a manter o senso de solidariedade entre os habitantes dos países ocupados, como a Bélgica. Eles eram sujeitados a uma série de regras, regulamentos e decretos das forças ocupantes alemãs, que também queriam limitar seu conhecimento do que estava acontecendo na guerra. Os jornais ajudaram a dar suporte aos movimentos de Resistência e alguns deles se associaram a certos grupos. Jornais como o *La Libre Belgique,* que tinha circulação máxima de setenta mil unidades, tornaram-se muito eficientes em dar notícias em poucos dias. Essas notícias também ajudaram a dar esperança aos leitores de que as forças aliadas estavam a caminho.

a prisão de Fresnes. Depois que os guardas superaram seu espanto, prenderam Lily e a colocaram em uma cela. Lá dentro, ela conseguiu se comunicar com um membro da rede Comet que estava preso, o qual identificou o traidor como Pierre Boulain, falso nome usado por Jean Masson. Para a felicidade de Lily, o guarda da prisão era francês e lhe disse para sair antes que a Gestapo chegasse para interrogá-la. Tal como os outros, Lily parecia jovem demais para ser uma suspeita importante.

Tendo descoberto a identidade do traidor, Lily imediatamente conseguiu um encontro com os dois novos agentes enviados pela MI9 para montar a Operação Marathon – Thomas Rutland e Daniel Moulton – a fim de avisá-los. Ambos ficaram chocados, pois teriam um encontro com Boulain no dia seguinte, como parte de seus planos para a Operação Marathon.

De qualquer forma, Rutland e Moulton decidiram ir adiante com o encontro, enquanto Lily ficaria observando à distância. No entanto, quando Boulain saiu do café, ele viu Lily e começou a segui-la. Ela conseguiu fugir para o metrô e subiu em um trem que estava partindo naquele momento. Lily voltou para Bayonne e marcou um encontro com Creswell em Madri. Os britânicos sabiam que Lily estava em grande perigo; para tentar protegê-la, eles lhe deram uma missão no Exército Britânico, para que ela tivesse de obedecer ordens. Lily foi enviada à Inglaterra a fim de

Abaixo: Poster motivador, com mensagem inequívoca, produzido pelo Centro de Informação do Governo Belga em Nova York.

para assumir a operação. No entanto, Londres logo percebeu que Jean já fora identificado pela Gestapo, então ele foi trazido de volta para a Inglaterra. Em sua ausência, as operações em Paris ficaram a cargo de Lily Dumont.

Em 24 de fevereiro de 1944, Lily teve um encontro em um restaurante onde havia um homem com um olhar suspeito, sorriso estranho, olhos azuis brilhantes e uma gravata de bolinhas. Lily imediatamente ficou alerta, lembrou-se de que seu pai lhe dissera algo sobre gravatas de bolinhas. Embora ela não tenha lembrado imediatamente, ele havia lhe dito que esse tipo de gravata era usado por agentes da Gestapo.

Depois de acompanhar com sucesso outro agente Comet até a Espanha, Lily voltou para Paris e descobriu que tinha ocorrido uma série de prisões, inclusive de várias pessoas que estiveram no café com Masson. Ela sabia que a Gestapo estava atrás dela também, então foi para Bayonne para sair da área de perigo imediato, mas não por muito tempo. Ela queria descobrir quem estava traindo seus colegas agentes, então voltou para Paris e dirigiu até

a segurança e integridade da rede. Ao voltar para Paris em 17 de janeiro, Jerome acabou encontrando a Gestapo, que estava esperando por ele em seu apartamento. Jean Masson conseguira rastrear Jerome. Mesmo sem saber sua verdadeira identidade, eles queriam saber onde Franco estava. Contudo, mesmo espancado e torturado, LeGrelle não lhes disse nada.

Em 18 de janeiro, Jean-François voltou a Paris e foi direto para a casa onde dois homens da Gestapo estavam esperando por ele, que foi levado ao quartel-general da Gestapo, onde viu LeGrelle, ferido e sangrando, mas irredutível. A Gestapo não acreditou que alguém tão jovem quanto Jean-François conseguisse cuidar de toda a rota Comet, de modo que não se interessaram por ele e o enviaram para a prisão de St. Gilles, em Bruxelas.

Operação Marathon

Conforme o Dia D se aproximava, Airey Neave e a MI9 começaram os preparativos para o aumento nas operações aéreas e a necessidade de prover abrigo seguro para todos os aeronautas que pousassem na Europa ocupada. Como os dois principais agentes da rota Comet em Paris estavam presos, Neave enviou um comando (oficial) belga chamado Jean de Blommaert

Abaixo: A entrada de Cagna, esconderijo dos combatentes da Resistência belga em Ardennes, Bélgica.

os muros. Quando chegou ao topo do muro externo usando uma corda, ele viu que havia outro muro interno que seria impossível escalar. Em todo o caso, De Jongh logo foi transferida para Paris.

Jean-François, codinome Franco, assumiu o controle da seção francesa da rota Comet e suas relações com os britânicos, inclusive com o prestativo Michael Creswell, da Embaixada Britânica, e com o chefe da seção de fugitivos da MI9 em Londres, Airey Neave. Neave fora colocado a cargo da seção de fugitivos por um bom motivo: ele mesmo fugira da inescapável prisão alemã em Colditz e conseguira chegar até as montanhas suíças em segurança. Neave estava preocupado com a crescente penetração na rota Comet de informantes pagos pela Inteligência alemã, então marcou um encontro

> QUANDO CHEGOU AO TOPO DO MURO EXTERNO USANDO UMA CORDA, ELE VIU QUE HAVIA OUTRO MURO INTERNO QUE SERIA IMPOSSÍVEL ESCALAR.

com Jean-François em Gibraltar. Jean-François estava obviamente exausto, mas negou a oferta de Neave de descanso e recuperação na Inglaterra e estava determinado a voltar a trabalhar, a fim de cumprir sua promessa a De Jongh. Neave conseguiu arranjar um novo operador de rádio, Jacques Legrelle, treinado na Inglaterra, para ajudar Jean-François com a operação em Paris. Porém, a essa altura, ambos corriam extremo perigo de serem capturados.

Jean Masson

Em Paris, Masson trabalhava para a Seção IV-A da SS, comandada pelo coronel Helmut Knochen. Masson aliciava soldados aliados fingindo estar organizando uma rota de fuga quando, na verdade, iria entregar os soldados à Gestapo para serem espancados, torturados e aprisionados.

Usando suas habilidades, Masson conseguiu chegar à liderança da rota Comet, levando a muitas prisões. Sua ambição era encontrar o agente de codinome "Franco" e Lily Dumont.

Em 10 de janeiro de 1944, Lily Dumont chegou em Paris para se encontrar com Jacques LeGrelle "Jerome", e dali foi para Bayonne. Enquanto isso, Jean-Françoise e Jerome viajaram para Bruxelas para avaliar

Na primeira viagem bem-sucedida de Dédée, em agosto de 1941, ela chegou ao consulado britânico de Bilbao, Espanha, com dois soldados rasos dos *Glasgow Highlanders*. A princípio os britânicos estavam céticos, mas o astuto secretário político Michael Creswell, da Embaixada Britânica em Madri, viu potencial no que Dédée e sua rede estavam oferecendo. Logo, De Jongh foi colocada em contato com a seção de fugitivos da MI9 britânica.

Acima: Florentino Goikoetxea guiou muitos soldados aliados em segurança pelos traiçoeiros caminhos dos Montes Pireneus.

TRAIÇÃO

No início de 1943, a rota Comet de Jongh já havia conduzido cerca de quatrocentos soldados aliados em segurança, mas então sua sorte acabou. Em janeiro de 1943, quando ela e três aeronautas da RAF seguiam Goikoetxea por caminhos escorregadios no clima de inverno, eles chegaram ao rio Bidasoa, descobriram que estava cheio e, portanto, impossível de atravessar. Não havia escolha a não ser buscar abrigo em alguma casa naquela noite, antes de tentar a jornada passando pela ponte mais próxima.

No entanto, além do terreno difícil e do clima severo, havia outros perigos nas montanhas. Nem todos eram dignos de confiança, especialmente quando havia recompensas generosas por informação sobre soldados aliados. Em 13 de janeiro de 1943, a Gestapo invadiu a casa onde eles estavam escondidos e prendeu De Jongh e os três aeronautas. Ela foi levada para a prisão Villa Chagrin, em Bayonne, e depois para a prisão de Fresnes, em Paris, de onde foi transferida para o campo de concentração de Ravensbrück.

JEAN-FRANÇOIS NOTHOMB, "FRANCO"

Depois que Dédée foi presa, seu jovem parceiro, Jean-François, fez tudo o que pode para organizar seu resgate da prisão, tendo até mesmo escalado

Depois da primeira tentativa fracassada, em que os fugitivos foram pegos pela polícia espanhola, Dédée, como era carinhosamente conhecida, decidiu ela mesma acompanhar os homens, não só na viagem de trem até Paris e depois para Bayonne e Saint Jean de Luz, no extremo sudoeste da França, mas atravessando as montanhas. Os soldados aliados iam acompanhados pela pequena e bela mulher, seguindo antigos rastros de cabras monteses, frequentemente em um clima congelante, liderados por um guia basco. Um simples escorregão na lama congelada poderia lançar alguém de um precipício, resultando em ferimentos ou morte.

O objetivo era alcançar o rio Bidasoa, que separa a França da Espanha. Se o clima estivesse razoável, o grupo tentaria cruzá-lo, tirando as calças e usando-as para formar uma corrente. Às vezes, a correnteza estava tão forte que os homens podiam ser levados por ela. No inverno, o rio ficava cheio e impossível de atravessar, nesse caso, a única esperança era um longo desvio até a ponte mais próxima, que estaria sendo vigiada por patrulhas alemãs e espanholas. O líder do grupo quase sempre era o lendário homem das montanhas, Florentino Goikoetxea, que conhecia o terreno como a palma da mão. Sua mente independente, típica do povo basco, o tornara simpático aos soldados aliados fugindo das cruéis forças de ocupação alemãs. Ele também tinha grande respeito pela valente jovem belga que sempre participava do trajeto, fosse qual fosse o terreno ou o clima.

**Ao lado: Em uma reunião pós-guerra, Andrée de Jongh (Dédée), Micheline Ugeux (Michou) e Elvire de Greef (Tante Go) conversam com o capitão Bill Randle e com o comodoro do ar Denis Crowley-
-Milling, a quem elas ajudaram a escapar durante a guerra.**

perderam a viagem em Dunquerque – a voltar para casa de outras formas. No decorrer da guerra, os aviões aliados abatidos nos Países Baixos aumentou o número de pessoas que buscava não apenas abrigo, mas uma maneira de fugir. O Canal Inglês era a rota mais próxima e mais óbvia, mas os alemães reforçaram seu controle na costa. A alternativa, então, era uma rota pela França para a relativa segurança na Espanha neutra, seguindo depois para o território britânico de Gibraltar.

A operação completa era um grande feito de planejamento, mas a determinação de Jongh superou os obstáculos. Trabalhando com uma rede de pessoas, incluindo seu pai, De Jongh passou a arranjar papéis e documentos de identidade falsos, roupas crivelmente civis, casas seguras no caminho ao longo da França e, finalmente, guias para a perigosa rota atravessando os Montes Pireneus, que separam a França da Espanha. Entre esses muitos perigos estavam o terreno íngreme, o clima imprevisível e as patrulhas alemãs e espanholas.

V DE VITÓRIA

O SINAL "V de Vitória", popular símbolo de resistência durante a Segunda Guerra Mundial, foi primeiramente inspirado em Victor de Laveleye, ministro da justiça belga que trabalhava na Inglaterra e dirigia as transmissões belgas da BBC. Ele disse que o sinal deveria ser usado de várias formas: pintado em muros, escrito na poeira ou neve de janelas de carros e assim por diante, para encorajar o espírito da Resistência e lembrar o inimigo de que seria derrotado no final.

O "V de vitória" foi promovido pelas transmissões da BBC e era indicado pelo código Morse "três pontos e um traço", imitando as primeiras notas da Quinta Sinfonia de Beethoven.

Ao lado: Winston Churchill faz o sinal "V de vitória".

Acima: Prisioneiros aliados são levados após a Batalha de Dunquerque. Muitos soldados conseguiram fugir e foram levados em segurança pela Resistência.

contiveram as 3ª e 4ª Divisões Panzer temporariamente em Gembloux. No entanto, as esperanças de conter o avanço alemão se foram quando houve um ataque na região francesa de Sedan, onde as defesas francesas estavam inadequadas.

Os exércitos aliados no norte continuaram a recuar da linha Dyle para Escault (Schelde), e em 19 de maio o comandante britânico Visconde de Gort considerou a evacuação da Força Expedicionária Britânica. Em 27 de maio, a Bélgica fez um armistício com os alemães. Muitos soldados belgas, britânicos e franceses conseguiram ir para a Grã-Bretanha via Dunquerque, mas aqueles que não conseguiram foram feitos prisioneiros de guerra ou conseguiram se esconder no campo. Parte da Resistência secreta belga esteve envolvida em ajudar esses oficiais aliados a voltar para a Inglaterra.

Rota Comet

Andrée de Jongh se voluntariou para a Cruz Vermelha Belga e cuidava de tropas belgas e britânicas feridas em Bruges. Ela se inspirou na enfermeira britânica Edith Cavell, da Primeira Guerra Mundial, que atuou na Bélgica, ajudou oficiais a escaparem e foi executada pelos alemães. De Jongh estava determinada a ajudar os soldados aliados – que literalmente

4

BÉLGICA

Em 10 de maio de 1940, o ataque-relâmpago à supostamente impenetrável fortaleza belga de Eben-Emael foi um dos momentos mais dramáticos do início da invasão alemã à Europa Ocidental.

OS PARAQUEDISTAS ALEMÃES *Falls-chirmjäger* conseguiram pousar dentro e ao redor da fortaleza, assumindo controle também das pontes ao redor do Canal Albert. Mais de quarenta planadores alemães chegaram despercebidos, onze pousaram na própria fortaleza. Explosivos bem posicionados dispensaram a necessidade de armas.

Página ao lado: Membros da Brigada Belga Whitte (ou Brigada Branca) recebem caixa de suprimentos em um campo.

Quando o forte foi tomado e as forças belgas da 7ª Divisão se renderam, o rei Leopoldo da Bélgica ordenou retirada geral. Embora bombardeiros aliados tenham tentado destruir as pontes do canal para impedir o avanço alemão, muitos desses aviões foram abatidos pela *Luftwaffe* e suas bombas erraram os alvos ou causaram pouco dano.

As forças belgas se retiraram para a linha Antuérpia-Louvain, ainda confiantes de que conseguiriam conter as forças alemãs a caminho. Um ataque alemão a Louvain foi repelido por um contra-ataque da 3ª Divisão Britânica, liderada pelo general Montgomery, e os reforços franceses

Acima: Combatentes da Resistência e tropas aliadas buscam proteção dos atiradores (*snipers*) durante a libertação de Paris.

uma "vistoria de documentos" e depois os fuzilaram na frente da igreja.

Por fim, puseram fogo na cidade com lança-chamas, granadas e dispositivos incendiários.

VITÓRIA

Em 24 de agosto de 1944, enquanto as forças armadas americanas adentravam os subúrbios, tanques Sherman e jipes *half-track* sob comando do capitão Raymond Dronne abriram caminho para o avanço da 2ª Divisão Armada do general Leclerc em Paris. Em 25 de agosto, o comandante alemão de Paris, general Choltz, se rendeu. Naquela mesma tarde, o general De Gaulle entrou em Paris e foi até os Campos Elíseos, enquanto ainda se ouvia esporádico tiroteio ao redor da cidade. O general De Gaulle declarou:

"Paris libertou a si mesma. Ela foi libertada por seu povo, com a ajuda de toda a França, da batalhadora França, da única França, da verdadeira França, da eterna França."

que os alemães haviam iniciado operações na área, com a missão de eliminar os Maquis das florestas.

Era sabido que uma unidade alemã se mudara para a cidade próxima de Montsauche, assim os Maquis e as tropas do SAS fizeram um plano para emboscá-los quando estivessem saindo da cidade. Duas submetralhadoras Bren foram divididas entre britânicos e franceses. Quando o caminhão alemão e outros veículos se aproximaram, foi lançada uma granada no caminhão e as submetralhadoras Bren abriram fogo. Os soldados e os Maquis continuaram a lutar contra os soldados alemães, que se refugiaram em uma vala próxima. No total foram mortos 32 alemães, e quatro deles, incluindo um oficial, foram levados para serem interrogados pelos Maquis.

Os alemães logo deram início às represálias por esse ataque. Cerca de duzentos soldados alemães com artilharia autopropulsada passaram por Montsauche e foram em busca dos Maquis, unindo-se a uma patrulha para colocar fogo em uma fazenda local. Em seguida, os alemães enfurecidos se vingaram dos próprios moradores de Montsauche: ordenaram que a população saísse da cidade, que foi totalmente queimada. Depois de devastar Montsauche, os alemães foram atacados por outra patrulha Maquis e retaliados por atacar a cidade de Planchez. A equipe do SAS emboscou uma patrulha alemã próxima ao *Chateau* de Vermot, que os Maquis estavam usando como hospital. Os alemães saquearam o *chateau*, queimaram-no e então atacaram a cidade de Vermot, queimando todas as casas e fuzilando seis homens.

Na cidade de Dulles-Places, os alemães amarram uma corda em torno do pescoço do *curé* (padre) local e o empurraram da torre da igreja. Em seguida, reuniram dezoito homens para

Abaixo: Oficial alemão indignado é empurrado por combatentes da Resistência francesa sorridentes.

fortaleza dos Maquis na fazenda La Mouette, próximo a Saint-Marcel, levou a mais ataques alemães.

O SAS e os Maquis conseguiram lidar com os ataques iniciais, recebendo suporte aéreo de quatro bombardeiros P-47 *Thunderbolt* da Força Aérea Americana à tarde, mas quando os alemães voltaram à noite, o coronel Bourgoin ordenou aos Maquis que se retirassem e se dispersassem.

Depois dessa batalha, os alemães, que perderam entre trezentos e quinhentos homens, fizeram retaliações contra os combatentes feridos da região, contra aqueles que os ajudavam e contra civis inocentes. Fazendas e vilarejos foram totalmente queimados. O capitão do SAS, Pierre Marienne, e oito paraquedistas de sua equipe foram pegos e fuzilados na manhã de 12 de julho, junto com aqueles que os abrigaram.

Em 5 de agosto, dez planadores Waco, pilotados pelo 298º Esquadrão de Operações Especiais da RAF, e o 644º Esquadrão, com trinta soldados do SAS e dez jipes, chegaram perto de Vannes. Os jipes estavam armados com metralhadoras Vickers e PIAT (*Projector Infantry Anti Tank*), dando-lhes considerável poder de fogo. As equipes SAS operaram atrás das linhas inimigas, causando perturbação e protegendo os prédios essenciais para os exércitos aliados que avançavam.

MAQUIS BERNARD

O Maquis Bernard foi criado por Louis Aubin, codinome Bernard, inicialmente baseado na floresta de Saint-Brisson, antes de se mudar para Coeuzon, na região Morvan da França. O Maquis Bernard foi reforçado por membros do Esquadrão "A" do 1º Regimento do SAS, que pousaram de paraquedas na área na noite de 7 de junho de 1944. A maior parte de seus rádios foi danificada na descida, mas eles conseguiram combinar entregas de suprimentos de armas, incluindo submetralhadoras Bren. Em 24 de junho, os Maquis e seus aliados do SAS ficaram sabendo

Abaixo: Jipe do SAS equipado com duas metralhadoras Vickers na frente e uma Browning calibre 50 atrás.

Acima: Membros do 4º Batalhão do Serviço Aéreo Especial Francês, também conhecido como 2º Regimento Chasseur de Paraquedas, reunidos para uma fotografia.

equipes do 4º French Special Air Service Battalion (4º Batalhão de Serviço Aéreo Especial Francês), comandado pelo coronel Pierre-Louis Bourgoin. O SAS estava dividido em quatro equipes de nove pessoas. Duas equipes pousaram perto de Plumelée, na região de Morbihan, e outras duas pousaram na floresta de Duault, em Costas da Armória. A principal responsabilidade de Hué era conseguir envios de suprimentos para a Resistência, o que envolvia constante contato com os alemães.

A missão do SAS era executar operações de sabotagem a fim de impedir que reforços alemães chegassem aos locais de desembarque aliado. Os membros do SAS ficaram impressionados com os Maquis locais e pediram a seu quartel-general na Inglaterra que enviasse mais suprimentos para armá-los e equipá-los. Cerca de 700 caixas foram devidamente entregues em 13 de junho. Embora não fosse a intenção do coronel Bourgoin combater diretamente os alemães, em 18 de junho um conflito com uma patrulha alemã de dois veículos próximo à

Miollis e colocada em uma cela para aguardar interrogatório. Uma noite, Fourcade conseguiu ficar de pé em cima de um balde virado e, tirando toda a roupa, puxou-se para cima do parapeito da janela. Em seguida, comprimiu a cabeça através das barras verticais e depois o resto do corpo. Naquele momento, um comboio militar alemão apareceu na rua abaixo e pediu direções ao vigia. Fourcade teve de forçar o corpo de volta para dentro até eles irem embora. Agora ela estava ciente de que havia um vigia de pé à direita da janela. Quando ela saltou, ele se virou com a tocha em sua direção, mas ela conseguiu se jogar no chão bem a tempo e então deslizou pela rua até encontrar chão áspero.

> FOURCADE CONSEGUIU FICAR DE PÉ EM CIMA DE UM BALDE VIRADO E... COMPRIMIU A CABEÇA ATRAVÉS DAS BARRAS VERTICAIS.

Após vestir-se, ela conseguiu chegar à casa de Des Isnards evitando os bloqueios de rua no caminho. Então, Des Isnards e Fourcade fugiram para os montes e se uniram aos Maquis, aguardando a chegada dos Aliados. Fourcade voltou para Paris bem na época em que as forças aliadas estavam chegando à cidade.

Outro agente do circuito Alliance trabalhou na base de submarinos *U-boote* em Brest. Ele conseguiu informação com uma mulher trabalhando no centro de reparo de boias salva-vidas, que conseguia identificar quais navios e submarinos estavam saindo do porto. Um agente do Alliance tinha um contato francês que trabalhava na base Keroman de *U-boote*, em Lorient, Bretanha Francesa, e tinha acesso a informações detalhadas sobre movimentação de submarinos.

Um dos subcircuitos do Alliance, chamado Druids, produziu um relatório sobre as fábricas no norte da Alemanha que estavam desenvolvendo a bomba voadora V1 e o foguete V2.

Em vez de buscar refúgio entre as forças amigas, Fourcade partiu com um colega em uma ambulância seguindo as forças alemãs, fingindo ser uma colaboradora. Indo à frente das forças do general Patton, ela forneceu informações valiosas aos Aliados durante seu avanço.

O Special Air Service (Serviço Aéreo Especial Francês), SAS

Andre Hué, codinome Hubert, era um agente da SOE que foi enviado de paraquedas à Bretanha Francesa em 5 de junho de 1944 junto com as

Dali ela viajou para Aix-en-Provence para fazer contato com o agente Capitaine des Isnards, que lhe arranjou um apartamento. Um dia a Gestapo invadiu seu apartamento e encontrou mensagens incriminadoras que ela escondera debaixo de um divã. Ela foi levada para o quartel militar de

SINAL VERDE PARA SABOTAGEM

Para aumentar a confusão entre os inimigos durante e depois dos desembarques do Dia D, vários planos foram colocados em ação. Alguns deles eram operações de sabotagem codificadas com cores. A Operação Vert (verde) começava com a seguinte mensagem em código da Rádio Londres/BBC: "Os dados estão no tapete". Em 5 de junho, a mensagem "Está quente em Suez" deu início ao Plano Rouge (vermelho).

Verde (*Plan Vert*): sabotagem de trilhos e locomotivas francesas.

Vermelho (*Plan Rouge*): sabotagem de depósitos de munição alemãs.

Azul (*Plan Bleu*): sabotagem de fios de energia.

Violeta (*Plan Violet*): cortar linhas telefônicas e destruir postes telegráficos.

Amarelo (*Plan Jaune*): ataque a postos de comando alemães.

Preto (*Plan Noir*): sabotagem de depósitos de combustível.

Tartaruga (*Plan Tortue*): sabotagem de ruas e cruzamentos.

O exército alemão confiava muito nas ferrovias para mover unidades pelo país. Como resultado da sabotagem de trilhos, locomotivas, pontes e viadutos, somente 50% do tráfico ferroviário permaneceu funcional. Quando os trens ficavam presos, eles eram mais vulneráveis a ataques aéreos dos Aliados.

Quando os alemães tentavam coordenar seus movimentos, as comunicações estavam obstruídas por fios telefônicos cortados. Havia também ataques da Resistência a postos de comando e comunicações rodoviárias.

Ao lado: Oficiais avaliam o estrago de um trem atacado pela Resistência. Esse tipo de sabotagem prejudicava gravemente o movimento de suprimentos e de tropas alemãs.

O MAPA

MARCEL DROUIN ERA PROFESSOR de artes do Liceu de Caen. Durante suas aparentes caminhadas e passeios de bicicleta ao longo da costa da Normandia, ele esquematizou todas as fortalezas alemãs, obstáculos, artilharia e posições das metralhadoras. O mapa foi enviado para a Inglaterra por um Lysander e usado nos preparativos para os desembarques do Dia D. Em 7 de junho de 1944, um dia depois do Dia D, Marcel Drouin foi fuzilado pelos nazistas.

Bignor, próximo a Petworth, onde recebeu uma "torta de boas-vindas" de Barbara Bertram. No dia seguinte ela foi levada a Londres para se encontrar com o polêmico chefe da Inteligência Britânica, *Sir* Claude Dansey.

Em dezembro de 1942, Fourcade retornou à França e se mudou para um *chateau* perto de Sarlat, na Dordonha. Suspeitando ter sido traída, deixou o *chateau* dez minutos antes da Gestapo chegar. Então, mudou-se para Tulle, na região de Corrèze, e depois para Lyons, onde estava o infame Klaus Barbie.

Um dos agentes ligados a Fourcade era Philippe Koenigswerther. Ele forneceu as informações que os britânicos usaram para planejar a Operação Frankton, que colocou minas *limpet*[2] em navios mercantes alemães, situados no porto de Bordeaux. A operação foi executada pela marinha britânica com soldados em caiaques, que passaram a ser conhecidos como os *Cockleshell Heroes*.

Fourcade retornou à França em um bombardeiro Hudson em 5 de julho de 1944 e pousou perto de Fontainebleau, no sudeste de Paris.

---

2 N. T.: mina *limpet* é um tipo de mina que se une ao alvo através de ímãs e dispara com temporizador. Esse nome é devido à semelhança com o *limpet,* um tipo de craca que se gruda a rochas e navios.

Acima: Combatente da Resistência francesa exibe sua submetralhadora Bren.

Página ao lado: Marie-Madeleine Fourcade foi uma corajosa combatente da Resistência francesa que ajudou a formar o circuito Alliance.

as fileiras aliadas avançavam, essas forças francesas emboscavam o inimigo em retirada, atacavam grupos isolados e pontos fortes, e protegiam as pontes de serem destruídas".

Os envios de suprimentos aliados deram à Resistência considerável poder de fogo.

O circuito Alliance e o Secret Intelligence Service (Serviço Secreto de Inteligência), SIS

O circuito Alliance foi fundado por Marie-Madeleine Fourcade, codinome Hedgehog [em inglês: "porco-espinho"], e alguns associados. Mais tarde foi chamado de Arca de Noé, devido ao fato de que todos os codinomes dos agentes eram nomes de animais. O circuito cresceu chegando a cerca de 3.000 agentes que levavam informações importantes para os Aliados, especialmente sobre o movimento dos navios alemães e das defesas anti-invasão na costa do Atlântico. A Inteligência britânica enviou a Fourcade um operador de rádio, mas na verdade ele era um agente duplo e Fourcade foi presa. Entretanto, conseguiu escapar para a Suíça.

Mais tarde, foram feitos preparativos pelo SIS para trazê-la de volta à Inglaterra. O piloto, tenente Peter Vaughan-Fowler, voou para o campo combinado, próximo a Nanteuil-le-Hadouin, e a levou de volta a Tangmere. De lá ela foi trazida à Mansão

De Gaulle afirmando que o Exército Francês continuaria a lutar contra os alemães durante toda a ocupação. As unidades das FFI começaram gradualmente a se unir em novos regimentos, formando a base do exército francês pós-guerra.

As forças da FFI tinham grande variedade de armas enviadas pelos britânicos, incluindo submetralhadoras Sten e Bren, além de armas capturadas dos alemães. O equipamento britânico enviado para a FFI também incluía 150 tanques. Tempos mais tarde, o general Eisenhower reconheceu sua contribuição: "Grande assistência nos foi dada pela FFI para libertar a Bretanha Francesa... Quando

Abaixo: Henri Tanguy, conhecido como coronel Rol, inspeciona membros das FFI.

Os Maquis tiveram considerável trabalho para encontrar uniformes e fazer um desfile em estilo militar. Os comandantes seniores vestiram impecáveis luvas brancas. Os alemães não estavam em Oyonnax na época, mas se vingaram enviando 130 habitantes de Oyonnax para campos de concentração.

O massacre de Ascq

A 12ª Divisão Panzer SS *Hitlerjugend* foi enviada para o norte a fim de reforçar as defesas na Normandia. A divisão estava viajando de trem. Quando o trem se aproximou de uma junção em Ascq, a linha férrea explodiu, descarrilhando alguns vagões. O comandante alemão imediatamente ordenou que todos os homens das casas próximas fossem fuzilados ao lado da linha de trem e mais pessoas foram fuziladas no vilarejo.

> O COMANDANTE ALEMÃO IMEDIATAMENTE ORDENOU QUE TODOS OS HOMENS NAS CASAS PRÓXIMAS FOSSEM FUZILADOS.

Forces Françaises de l'Intérieur (Forças Francesas do Interior), FFI

A FFI foi formada depois dos desembarques do Dia D, a fim de formalizar a organização do grande número de combatentes e soldados franceses da Resistência no país. Em 23 de junho de 1944, eles foram colocados sob o comando do general Koenig, que alertou a Resistência para não se envolver em combates isolados com os alemães. Infelizmente, esse conselho nem sempre foi seguido, levando aos desastres de Vercors e em outros lugares.

As forças da FFI trabalharam junto com as unidades aliadas que avançavam, sabotando trilhos e estradas a fim de retardar os movimentos alemães e proteger instalações vitais de sabotagem alemã. As FFI eram compostas principalmente de Maquis e outros combatentes da Resistência, que eram por natureza pessoas de livre espírito, o que tornava difícil sujeitá-los à lei militar; também não estava totalmente claro a quem eles seriam leais quando o general De Gaulle retornasse à França.

O general De Gaulle declarou que todos os líderes da Resistência eram agora oficialmente líderes do Exército Francês. Os que comandavam cem homens seriam automaticamente tenentes e os que comandavam mil homens se tornariam comandantes. Esse foi um importante movimento de

Uma mulher, cuja filha fora morta perto dela no início do tiroteio, fugiu em meio às chamas e alcançou o altar. Subiu uma pequena escada até uma janela e pulou. Os alemães atiraram nela, acertando-a no ombro e na perna. Quando eles se foram, ela foi resgatada pelo povo de outro vilarejo. No total foram mortos 642 habitantes de Oradour-sur-Glane, incluindo 205 crianças.

Acima: O interior e tabernáculo destruídos da igreja de Oradour-sur-Glane, depois do massacre da divisão *Das Reich*.

Oyonnax
Em 11 de novembro de 1943, cerca de trezentos Maquis marcharam para a cidade de Oyonnax a fim de colocar uma grinalda moldada em formato de Cruz de Lorraine no memorial da Primeira Guerra Mundial (1914-1918).

Abaixo: A Caverna de Luire, nos montes Vercors, onde os Maquis feridos foram assassinados pelos nazistas em 27 de julho de 1944.

enquanto a população indefesa da cidade foi deixada para trás para suportar a ardente fúria alemã.

Em 9 de junho, a SS e a SD ordenaram que toda a população de Tulle fosse para a praça da cidade. Escolheram 99 homens para enforcar e enviaram 150 para o campo de concentração de Dachau.

Orador-sur-Glane

Os alemães receberam notícias de que os Maquis fizeram refém um dos oficiais do 4º Regimento *Panzergranadier Der Fuhrer*. Em resposta, o comandante do 1º Batalhão SS-*Sturmbannführer*, Adolf Diekmann, cercou o vilarejo de Oradour-sur-Glane e ordenou que a população da cidade se reunisse na praça para uma checagem de segurança. Os homens foram levados para currais onde soldados da SS com metralhadoras os aguardavam. As mulheres e crianças foram empurradas para dentro da igreja. Depois que os homens foram fuzilados, os alemães puseram fogo nos currais. Todos que tentaram escapar foram executados. Em seguida, os alemães atiraram nas mulheres e crianças na igreja, depois trouxeram palha e madeira e puseram fogo nela.

O número total de tropas alemãs enviadas para o ataque no planalto Vercors foi de cerca de 20.000, incluindo o *Fallschirm-Battalion Jungwirth*. Havia também cerca de quinhentos franceses da Milícia envolvidos. Todos os civis de Vassieux foram mortos pelos nazistas e a cidade foi destruída. Mais tarde, os alemães encontraram trinta Maquis feridos abrigados em uma caverna. Todos foram mortos e as mulheres que cuidavam deles foram enviadas para campos de concentração. A caça alemã pelos Maquis remanescentes nas montanhas foi incansável, poucos conseguiram escapar.

REPRESÁLIAS

Depois dos desembarques aliados na Normandia, a 2ª Divisão Panzer SS *Das Reich,* que estava sediada em Montauban, no sul da França, recebeu ordens para ir para o norte reforçar as defesas alemãs contra a cabeça de ponte aliada. Sua rota os levou a atravessar as fortalezas Maquis em Limousin e eles tiveram de atravessar um ataque forte e sustentado, o que retardou seu avanço.

Tulle

Na cidade de Tulle, próximo a Limoges, uma unidade do Francs-Tireurs et partisans, FTP [um dos principais grupos de Resistência do sul da França], liderada por Jean Jacques Chapou tomou a cidade, derrotando a guarnição alemã e matando cinquenta alemães. Em seguida, a FTP ergueu a bandeira francesa tricolor e declarou que a cidade fora libertada. Porém, como as comunicações foram cortadas pela Resistência, os Maquis de Tulle não ficaram sabendo que a 2ª Divisão Panzer SS *Das Reich,* com mais de 15.000 homens e 1.400 veículos, estava indo em sua direção. Os alemães estavam furiosos com a humilhação que sofreram nas mãos de pessoas que eles consideravam bandidos e determinados a se vingar.

Uma unidade de quinhentos homens com jipes *half-track* e veículos blindados foi despachada para Tulle pelo comandante alemão. Embora os alemães tenham sofrido mais baixas ao atacar a cidade, sua esmagadora superioridade fez com que a cidade fosse retomada em questão de minutos. Os Maquis se dispersaram para lutar em outra ocasião,

Acima: Combatentes Maquis de Vercors capturados pela Milícia.

Liderados pelo coronel Marcel Descour, os Maquis estavam tão confiantes de sua invulnerabilidade que declararam que os montes Vercors seriam uma área livre. Foi algo ingênuo a se dizer, visto que não havia suporte militar aliado para ajudá-los contra a inevitável retaliação alemã.

Agentes americanos e ingleses da SOE e do OSS foram despachados para a área para ajudar com treinamento e operações de sabotagem. Em 14 de julho, 107 bombardeiros B-17 *Flying Fortress* da USAAF despacharam mil caixas, mas a *Luftwaffe* interveio e bombardeou as áreas de pouso. Os Maquis só conseguiram recuperar metade dos suprimentos e não tinham armas leves o suficiente para andar pela região nem armas pesadas para artilharia.

combatentes Maquis. Os Maquis da região recebiam suporte ativo do povo local do vilarejo de Vassieux, como comida e suprimentos. Como em muitas outras áreas de Resistência, os Maquis de Vercors receberam sinal para agir através de uma mensagem em código lida na Rádio BBC um dia antes dos desembarques do Dia D. Nesse caso, a frase não muito bem disfarçada foi "*le chamois des Alpes bondit*", que significa "a camurça dos Alpes se inclina para a frente".

TODOS OS CIVIS DE VASSIEUX FORAM MORTOS PELOS NAZISTAS E A CIDADE FOI DESTRUÍDA.

Ao lado: Grupo de combatentes da Resistência com vários tipos de armas, incluindo rifles Lee-Enfield e submetralhadoras Sten e Bren.

Auvergne, dispondo-as diretamente no caminho dos reforços alemães em direção ao norte. Os alemães ficaram crescentemente alarmados com a presença dessa força de 2.500 Maquis: em 10 de junho de 1944, montaram um grande ataque com cerca de 3.000 homens de várias unidades reforçadas com cobertura blindada e aérea. Por causa da intensidade do ataque e por estarem mal equipados para lutar contra soldados profissionais com tanques blindados, os Maquis sofreram grandes perdas.

VERCORS
O Maciço do Vercors é um planalto que formava um local remoto para despachos aliados por paraquedas e servia de abrigo para

BUREAU CENTRAL DE RENSEIGNEMENTS ET D'ACTION (AGÊNCIA CENTRAL DE RECONHECIMENTO E AÇÃO), BCRA

A jovial desorganização dos Maquis estava em evidente contraste com as estruturas administrativas altamente organizadas da BCRA, mas esse pessoal precisava estar armado e dirigido, caso contrário seria dissipado em fúteis jogos de esconde-esconde com a Milícia local.

Uma das áreas ocupadas pelos Maquis foi o Platô Glières, na França central. O local também foi escolhido pelo chefe do circuito Marksman da SOE, major Richard Harry Heslop, codinome Xavier, para envio de armas e suprimentos. As forças alemãs e Vichy estavam na região, assim, os Maquis formaram posição defensiva para aguardar a chegada da odiosa Milícia.

Depois de três ataques frustrados da Milícia, três batalhões da 157ª Divisão Reserva alemã se moveram com as tropas alpinas *Gebirgsjäger*. Os Maquis logo foram esmagados e aqueles que não foram mortos na batalha foram fuzilados ou deportados.

MONTE GARGAN

Os Maquis sob comando de Guingouin combinaram um envio por paraquedas para 14 de julho de 1944. Após fazerem os preparativos, ficaram sabendo que uma grande unidade alemã estava para chegar naquela área. Era tarde demais para cancelar o envio, então os Maquis pegaram as caixas e as levaram para o Monte Gargan, uma das áreas mais altas da Alta Vienna, aguardando o inevitável ataque.

Em 17 de julho, 2.500 alemães com quinhentos veículos sob comando do general-major Curt von Jesser chegaram ao Monte Gargan e começaram a atacar. A equipe Jesser era composta de tropas *Wehrmacht*, membros da SS e serviços de polícia. A batalha durou sete dias, durante os quais 342 alemães e 47 Maquis foram mortos. Os Maquis conseguiram recuperar a maior parte dos suprimentos e se dispersar nas florestas para lutar em outra ocasião.

MAQUIS DO MONTE MOUCHET

Conforme a expectativa de um desembarque aliado aumentava, os Maquis começaram a concentrar forças na área do Monte Mouchet, em

A MILÍCIA

A MILÍCIA FOI CRIADA pelo regime Vichy em janeiro de 1943, com apoio alemão. Seu papel principal era lutar contra a Resistência francesa e executar operações, inclusive de deportação contra judeus e outros grupos considerados indesejados. Ela também fazia represálias e execuções sumárias.

A Resistência francesa considerava a Milícia uma organização mais sinistra e perigosa do que seus equivalentes alemães, como a Gestapo, porque a Milícia era francesa e conhecia as estradas da França. Eles estavam em melhor posição para infiltrar informantes dentro da Resistência e escutar todos seus planos e movimentos.

Unir-se à Milícia era uma opção atraente, pois eles ofereciam pagamento regular e segurança, comparado à vida furtiva e difícil de um combatente da Resistência. Nos primeiros anos de guerra, a Milícia pareceu estar do lado vencedor e ser parte da nova ordem. Uniformes e armas inteligentes (muitos deles capturados dos britânicos) davam um senso de controle a personalidades que achavam aquilo ostentador.

Acima: Membros da Milícia escoltam membros da Resistência francesa para o local de execução.

Acima: Georges Guingouin foi o líder comunista dos Maquis de Limousin.

força em invasões cuidadosamente planejadas e saindo rapidamente, seu objetivo era manter o inimigo em estado de medo. Eles surpreendiam as patrulhas inimigas e mantinham a iniciativa.

Quando o Dia D estava próximo, os Maquis receberam mensagens codificadas já combinadas via Rádio BBC, as quais os alertaram para fazer certas tarefas, como sabotagens e ataques aos reforços alemães. Essas ações geralmente eram coordenadas por um agente da SOE trabalhando com grupos de Maquis. A agente Nancy Wake da SOE, por exemplo, trabalhou de perto com grupos Maquis liderados pelo capitão Henri Tardivat nas extensas florestas de carvalho de Auvergne, na França central. Esse grupo ficou bem posicionado para interceptar as forças alemãs se movendo para o norte a fim de reforçar suas defesas.

A sabotagem não era apenas algo aleatório para causar inconvenientes temporários, geralmente tinha importância específica. Em 13 de março de 1943, os Maquis liderados por Georges Guingouin sabotaram um viaduto férreo no sul de Limoges. Isso levou ao cancelamento de trens que levariam recrutas franceses do STO para a Alemanha. Foi por causa do STO que muitos Maquis buscaram refúgio nas montanhas.

No mês de dezembro anterior, Guingouin sabotara pessoalmente uma caldeira de palha na estação férrea de Eymoutiers. Essas caldeiras eram usadas pelos nazistas para pegar palha dos fazendeiros locais e transportá-la para a Alemanha, deixando os fazendeiros locais sem nada além da palha que conseguiam comprar de volta. O ataque foi um protesto contra esse sistema.

Ao lado: Armados com o que parece ser rifles Lee-Enfield, os Maquis discutem seu próximo movimento. Note as boinas típicas.

arriscavam a vida deixando sacos de comida em locais combinados, a fim de serem coletados pelos Maquis na escuridão da noite.

Uma coisa era acampar nas florestas montanhosas durante o verão, outra bem diferente era fazê-lo nos meses de inverno. Líderes como Georges Guingouin, militante do Partido Comunista Francês (PCF), organizou invasões a depósitos a fim de obter roupas quentes como coletes de pele de ovelha, calças grossas e botas de caminhada. Isso deu aos Maquis um visual uniforme que contribuiu para seu senso de companheirismo.

O French Committee of National Liberation (Comitê Francês de Libertação Nacional), baseado em Algiers, pediu mais suprimentos, mas demoraram a chegar. Ainda assim, em 27 de janeiro de 1944, em um encontro ministerial em Londres em que Winston Churchill estava presente, eles pediram mais suporte aéreo para os Maquis. Logo, cerca de cinco vezes mais suprimentos do que o habitual foi enviado pela RAF e pela USAAF [força aérea americana].

Os Maquis tomaram a precaução de escolher um local onde pudessem observar qualquer aproximação dos alemães ou de patrulhas do governo Vichy e tivessem várias rotas de fuga. Sua filosofia era nunca ser pegos no calor da batalha, sempre manter a iniciativa. Acertando o inimigo com

MAQUIS

Os Maquis, ou Maquisards, eram combatentes da Resistência francesa formados por grupos de jovens que fugiram do Service du Travail Obligatoire (serviço do trabalho obrigatório), STO, na França de Vichy. Quando mais alemães foram chamados para servir na Frente Oriental, centenas de milhares de franceses foram trazidos para substituí-los, em um arranjo com o governo Vichy.

Inicialmente, os Maquis sofriam falta de suprimentos, armas e munição, dependendo de rifles de caça e alguns poucos revólveres. A SOE tinha um número limitado de aeronaves, no princípio – 23 bombardeiros Halifax – para enviar suprimentos, armamentos e munições, além de comida, roupas e outros suprimentos que permitiriam aos Maquis operar de forma independente. A realidade da sobrevivência por longos períodos em florestas remotas indicava a necessidade de envio regular de alimentos. Fazendeiros e outras pessoas do povo local

Abaixo: Homens da Resistência francesa com seus veículos aguardam envio de suprimentos dos Aliados.

ARMÉE SECRETE (EXÉRCITO SECRETO)

A parte ativa do MUR era conhecida como o Exército Secreto, sob comando do general Delestraint. Também foi criado o Service des Opérations Aériennes et Maritimes (Serviço das Operações Aéreas e Marítimas), SOAM, para organizar os pousos aliados de paraquedas na França.

> MOULIN SE TORNOU O FATOR DE UNIÃO DAQUILO QUE SE PODERIA CHAMAR DE REGIMENTOS DA RESISTÊNCIA, FORMANDO UM EXÉRCITO.

Em 27 de maio de 1943, o Dr. Ernst Kaltenbrunner succedeu Reinhard Heydrich como chefe da Gestapo. Kaltenbrunner estava ciente da crescente importância do Exército Secreto e definiu como prioridade encontrar seu líder, conhecido pelos alemães pelo codinome Max.

A Gestapo capturou um membro da Resistência chamado Jean Multon e o persuadiu, sob ameaça de tortura e morte, a ajudar a encontrar Max. Multon foi recrutado pelo chefe da Gestapo de Lyon, Klaus Barbie. O chefe de apoio do general Delestraint, Henry Aubry, escrevera uma carta não codificada, esquecida em uma caixa de cartas sem uso. Multon encontrou a carta e a levou a Barbie. A carta dizia a data e o local para um encontro entre Delestraint e o chefe da Resistência de sabotagem ferroviária, René Hardy. A Gestapo invadiu o encontro e prendeu Delestraint, Hardy e outros dois membros seniores da Resistência.

Após esse desastre, Jean Moulin marcou um encontro para fazer novos preparativos e encontrar oficiais substitutos para o Exército Secreto. O encontro foi arranjado na casa de um médico na Place Castellane, em Caluire, em 21 de junho de 1943. Através de informantes, a Gestapo ficou sabendo do encontro e prendeu Jean Moulin e vários líderes seniores da Resistência. O desastre se tornou uma catástrofe.

Moulin e os outros foram levados para a prisão Montluc, e Moulin foi interrogado e torturado pelo próprio Barbie. Moulin se recusou a dar qualquer informação, o que enfureceu Barbie. Moulin foi tão agredido que perdeu a consciência e morreu mais tarde em um trem que o levava para um campo de concentração na Alemanha.

microfilme escondido no fundo falso de uma caixa de fósforos. De Gaulle escreveu: "A tarefa do Sr. Moulin é fazer surgir, dentro da zona da França metropolitana não diretamente ocupada, unidades de ação que, de todas as maneiras, resistam ao inimigo e a seus colaboradores".

A finalidade de uma Resistência unida era causar interferência sistematizada, e não fragmentada, a fim de preparar e dar apoio para os desembarques aliados na França. Moulin se tornou o fator de união daquilo que se poderia chamar de regimentos da Resistência, formando um exército. Inicialmente, os líderes da Resistência não quiseram receber ordens, visto que o objetivo da Resistência era o espírito livre e a livre iniciativa. No entanto, o novo Conseil National de la Resistance (Conselho Nacional da Resistência), CNR, aprovou unanimemente a proposta de De Gaulle ser o líder do governo provisório francês, e não o marechal Pétain.

Abaixo: O National Centre for Resistance and Deportation (Centro Nacional para Resistência e Deportação), CHRD, em Lyons, é dedicado à memória das vítimas do nazismo.

Acima: Jean Moulin exerceu importante papel na unificação da Resistência francesa. Ele foi traído, preso e torturado por Klaus Barbie.

por bravura. Foi capturado durante a batalha da França, mas escapou. Em fevereiro de 1943, chegou a Londres, onde conheceu o general De Gaulle. A BCRA pediu a Cavaillès para montar o circuito de Inteligência Cohors.

De volta à França em abril de 1943, Cavaillès dirigiu operações contra depósitos e instalações da *Kriegsmarine* [marinha alemã] na costa da Bretanha Francesa. Ele foi traído e preso em Paris em agosto de 1943. Foi torturado, mantido preso na fortaleza de Arras e executado em fevereiro de 1944.

MOVEMENTS UNIS DE RESISTANCE (MOVIMENTOS UNIDOS DE RESISTÊNCIA), MUR

Essa foi uma coligação dos principais grupos de Resistência do sul da França – Libération, Combat e Franc-Tireur. A união foi organizada por Jean Moulin, líder oficial e espiritual do movimento de Resistência.

Antes de partir para Londres, em setembro de 1941, a fim de receber apoio oficial de De Gaulle, Moulin esquematizou sua visão para a Resistência: "Seria insano e criminoso que, quando os Aliados viessem agir no continente, não se fizesse uso de tropas preparadas para os maiores sacrifícios, dispersas e desorganizadas hoje, mas amanhã capazes de compor um exército unido de tropas paraquedistas já a postos, familiarizadas com o território e tendo já escolhido seu inimigo e determinado seu objetivo".

Depois de se encontrar com De Gaulle, Moulin foi enviado de volta à França em 1º de janeiro de 1942, com ordens de De Gaulle em um

A partir de 1941, a SOE britânica começou a coordenar atividades com os grupos da Resistência locais, até que, em 5 de maio de 1941, seu primeiro agente, Georges Bégué, pousou no país. Os combatentes da Resistência francesa começaram a assassinar oficiais e soldados alemães, o que levou a represálias alemãs. Era costume fuzilar cerca de cinquenta reféns franceses para cada alemão assassinado. De Gaulle tentou controlar grupos da Resistência através da Bureau Central de Renseignements et d'Action, BCRA (Agência Central de Informação e Ação), sob liderança de André Dewavrin, mas nem todos os grupos de Resistência estavam preparados para reconhecer a autoridade de De Gaulle.

GILBERT RENAULT (CORONEL RÉMY)
Motivado por patriotismo e ideais cristãos, Gilbert Renault foi responsável por montar uma das principais redes da Resistência na França. Ele foi até a Inglaterra em junho de 1940, onde se uniu às forças da França Livre. Foi enviado de volta à França via Espanha, com ordens do general De Gaulle para montar vigilância na costa do Atlântico, entre Brest e a fronteira com a Espanha.

Com Louis de La Bardonnie, Renault montou a Irmandade Notre Dame, que mais tarde se espalharia por toda a França e Bélgica, com 1.300 membros. As informações fornecidas pelo grupo de Rémy ajudaram a localizar o couraçado *Bismarck* em maio de 1941 e atacar os cruzadores *Scharnhorst* e *Gneisenau* em Brest.

LIBERATION NORD
Esse grupo foi montado por Jean Cavaillès, acadêmico e oficial do Exército Francês. Ele lutou na batalha francesa, pelo que, como oficial da 4ª Divisão Colonial, recebeu prêmios

Abaixo: Jean Cavaillès era intelectual, atuou como soldado e intrépido combatente da Resistência; foi capturado e executado em Arras, em fevereiro de 1944.

OPERAÇÃO BITING (A INVASÃO BRUNEVAL)

Os BRITÂNICOS QUERIAM REUNIR informações da inteligência sobre as instalações de radar na costa alemã, por isso organizaram um grupo de invasão. Roger Dumont fez um reconhecimento da área litorânea e do *chateau* em Bruneval e a informação foi enviada pelo operador de rádio da SOE Robert Delattre. Enquanto uma aeronave britânica com paraquedistas voou para o sul em direção a Bruneval na noite de 27 de fevereiro de 1942, um Lysander voou para o norte, levando Gilbert Renault para um encontro com o chefe de inteligência de De Gaulle. A invasão foi um sucesso e os britânicos voltaram com partes do sistema de radar alemão Würzburg para análise.

Depois do sucesso dessa invasão, a Gestapo intensificou a busca por Renault. Ele foi forçado a fugir para a Inglaterra em 17 de junho de 1942, levando consigo os planos alemães para a Linha Siegfried (Westwall), que ia de Cherbourg até Honfleur. Os planos foram obtidos pelos agentes do circuito Century, baseado em Caen, que mais tarde mudou o nome para Castile.

Acima: Paraquedistas americanos são levados de volta à Inglaterra após a bem-sucedida invasão Bruneval.

no meio da multidão e soldados com baionetas partiram para o ataque. Vários estudantes foram presos.

Lentamente, as ações de Resistência foram ganhando ritmo à medida que pessoas e grupos faziam atos desafiadores, como cortar fios telefônicos alemães e imprimir folhetos em pequenas imprensas, os quais lhes davam a sensação de pelo menos estarem fazendo algo para lutar contra a situação. Seguindo essa estratégia, Boris Vildé criou um jornal chamado *Resistence*, mas depois foi julgado e executado por seus esforços.

O potencial da Resistência foi rapidamente notado pelos britânicos, que começaram a planejar operações com a Inteligência que reuniram. Réne Geston, por exemplo, comprou desenhos das bases de *U-boote*[1] em Saint-Nazaire que permitiram aos britânicos planejar a Operação Chariot, um ataque ao porto por comandos britânicos que deixaram o cais sem uso durante o tempo restante da guerra.

Abaixo: O coronel Rémy foi um dos líderes mais efetivos da Resistência francesa, organizou uma extensa rede no norte da França.

Era perigoso formar um grupo de Resistência, pois poderia ser infiltrado por espiões e informantes, muitos deles franceses. Geralmente as motivações dos informantes eram complexas, como inveja pessoal, ressentimentos e a expectativa de serem bem-vistos pelos invasores.

---

1 N. T.: *U-boot* (abreviação do termo alemão *unterseeboot*, "barco submarino") é o nome dos submarinos alemães. As bases para submarinos *U-boote*, como a de Saint-Nazaire, eram *bunkers* capazes de proteger as unidades de ataques aéreos.

Acima: Vista aérea do porto de Saint-Nazaire. A Resistência francesa conseguiu valiosos desenhos dos atracadouros dos *U-boote* alemães antes do ataque bem-sucedido dos Aliados.

A Resistência

No dia do Armistício, 11 de novembro de 1940, estudantes de liceus marcharam por Paris gritando "Vive la France" e "Vive l´Angleterre", e colocaram a Cruz de Lorraine, símbolo da França Livre, sobre o Arco do Triunfo. Uma demonstração parecida aconteceu na Place d´Etoile, local do Túmulo do Soldado Desconhecido, mas dessa vez os alemães estavam à espera. Caminhões entraram

3

FRANÇA

Depois do Armistício, a maioria dos franceses, na França ocupada no norte e na França não ocupada no sul sob o governo Vichy, ficou inicialmente paralisada pela derrota e confusa sobre a quem ser leal.

APESAR DO GENERAL De Gaulle estar na Inglaterra, ele era relativamente desconhecido. Alguns pensavam que o marechal Pétain estava ganhando tempo e viraria o jogo se os nazistas fossem vitoriosos. Outros colocavam a esperança na vitória britânica e foram encorajados pelas transmissões regulares do programa francês da BBC. Como a realidade da ocupação ficou bem clara com a falta de comida, a diversidade de bens econômicos empregados para a máquina de guerra alemã e por leis ainda mais severas contra os judeus, as chamas da Resistência começaram a inflamar o coração do povo francês, especialmente dos jovens. Como diria o coronel Maurice Buckmaster da SOE: "Por toda parte, os franceses buscaram o ressurgimento de seu país. A Resistência foi um fator vital para a recuperação do espírito nacionalista francês".

Página ao lado: Combatente da Resistência francesa armado com uma Sten Gun e oficial americano com um revólver Browning.

por via aérea. O Destacamento 101 tinha o apoio do general Joseph "Vinegar Joe" Stilwell, que percebeu o aumento nas forças de guerrilha em sua área de operações. As atividades do Destacamento 101 e suas forças associadas locais geralmente preparavam o campo para a chegada de unidades de penetração de longo alcance, como os *Merrill's Marauders*.

DESTACAMENTO 202

O Destacamento 202 trabalhava com as Forças Nacionalistas Chinesas treinando unidades paramilitares de 20 companhias. Com suas operações perturbadoras e reconhecimento local, os grupos de operações especiais impactaram significativamente as forças japonesas.

Após a invasão da Itália continental, os agentes OSS recrutaram pessoas para trabalhar por trás das linhas inimigas, reunindo inteligência e em operações de sabotagem.

UNIDADE MARÍTIMA OSS

A UNIDADE MARÍTIMA DO OSS atuava em missões de inserção e extração, bem como de reconhecimento em diversos cenários operacionais, incluindo o Mediterrâneo e o Extremo Oriente. Os navios usados variavam de barcos de pesca contratados até barcos especializados, como o P-101 Air Sea Rescue. Meios mais inovadores de transporte incluíam caiaques para duas pessoas e pranchas de surfe infláveis. O OSS foi uma das primeiras unidades especializadas a usar o aparato de mergulho *rebreather* (reinalante), que possibilitava aos mergulhadores aproximar-se dos alvos sem deixar traços de bolhas de ar.

bem a área. Os Kachin foram treinados para ser enviados à frente dos avanços aliados, a fim de prover inteligência como batedores e prejudicar operações inimigas. Quando a equipe OSS era enviada de paraquedas para a área, eles supriam os Kachin com armas e outros equipamentos recebidos

Abaixo: General Donovan visita uma estação de campo OSS em Kandy, Ceilão, em novembro de 1944.

Asiático. Suas atividades incluíram treinar as tropas Kuomintang na China e na Birmânia, além de trabalhar com o Viet Minh na Indochina Francesa. Apesar da Tailândia ter oficialmente declarado guerra aos Estados Unidos e à Grã-Bretanha, os agentes OSS trabalharam com membros pró-Aliados da elite governante a fim de identificar movimentos militares japoneses e encorajar uma mudança em direção à independência pós-guerra, em articulação com os britânicos.

DESTACAMENTO 101

O Destacamento 101 era uma unidade de operações especiais que trabalhava no leste da Índia em 1943 e se infiltrou no norte da Birmânia, onde trabalhou com povos Kachin locais, que conheciam

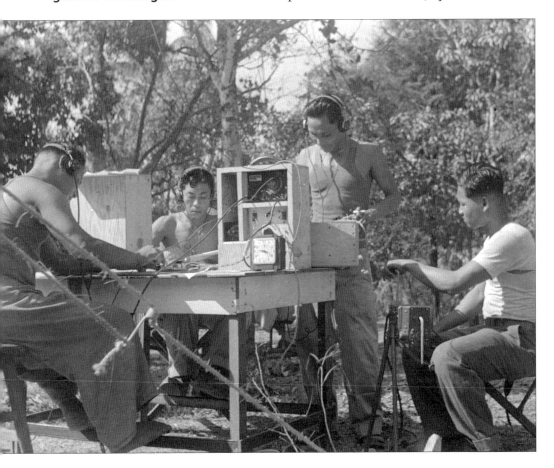

Abaixo: Operadores de rádio do Destacamento 101 do OSS na selva da Birmânia em 1944. O homem da direita está movendo um gerador de energia.

Operação Sunrise

Promoveu-se um encontro entre Allen Dulles e os comandantes seniores alemães na Itália, como o general Wolff, para negociar uma rendição. O general Wolff disse que tentaria persuadir o general Kesselring a concordar com uma rendição incondicional. No entanto, Kesselring foi transferido para a frente ocidental, deixando Wolff em seu lugar. A Operação Sunrise resultou na rendição de centenas de milhares de tropas alemãs alguns dias antes da guerra acabar oficialmente.

Abaixo: Werner von Braun, que ajudou a projetar o foguete nazista V2, após sua rendição aos americanos.

Os agentes do OSS também estiveram envolvidos em rastrear os cientistas que desenvolveram o programa alemão de armas avançadas, que incluíam os foguetes V1 e V2, a pesquisa de armas atômicas e jatos avançados de combate. Eles sabiam que era apenas questão de tempo para os russos se apossarem de tudo isso.

Operações no Extremo Oriente

Além de suas atividades na Europa, o OSS também exerceu importante papel na organização de apoio local na luta contra os japoneses no Sudeste

unidade militar italiana fosse formada sob a liderança do respeitável general Giuseppe Pavone.

O OSS conquistou um *palazzo* em Nápoles, onde Croce e Pavone começaram a organizar o Grupo Combatente Italiano para lutar contra os fascistas. Devido a complicações políticas com o comando aliado, mais tarde o grupo se tornou a Organização da Resistência Italiana (ORI), liderada por Raimondo Craveri.

Por trás das linhas inimigas

Peter Tompkins estava infiltrado em Roma, ainda ocupada pelos alemães, antes dos desembarques aliados em Anzio. Sua missão era coordenar operações de inteligência e sabotagem junto ao movimento de Resistência local, mas foi prejudicado por conflitos políticos internos e lealdades mistas entre os italianos anti e pró-monarquia. Enquanto os Aliados estavam parados na cabeça de praia em Anzio, Tompkins conseguiu enviar informação essencial sobre os movimentos militares alemães na área.

Quando os Aliados começaram a se mover para o norte, atravessando a Itália, as equipes dos Grupos Operacionais do OSS foram enviadas por paraquedas para o norte da Itália, a fim de trabalhar com grupos de *partisan*s dando treinamento e suprimento de armas para aumentar sua capacidade de combater as unidades alemãs, que frequentemente faziam varreduras para tentar eliminá-los do local. Assim, tinham de se envolver em intensas lutas junto com os *partisan*s em uma área repleta de tropas alemãs. Quando os alemães começaram a se retirar da Linha Gótica[4] em abril de 1945, os *partisan*s treinados pelo OSS ameaçaram as forças retirantes e retardaram seu movimento com operações de sabotagem. As equipes Aztec e Tacoma operaram próximo a Belluno na área do Passo do Brenero, no norte da Itália.

---

4 N. E.: Linha Gótica foi o nome dado à barreira de proteção dos alemães para impedir o avanço dos Aliados em direção ao norte, saindo da Itália, com cerca de 280 km.

CARPETBAGGERS

Acima: *Consolidated B-24 Liberators* da Força Aérea americana partem em missão.

As primeiras missões do 801º Grupo Bombardeiro *Carpetbagger* partiam da base Tempsford da RAF, depois mudaram para a base Harrington. Em 13 de agosto de 1943, o grupo foi renomeado como 492º Grupo Bombardeiro, com quatro esquadrões: 856º, 857º, 858º e 859º. Os B-24 *Liberators* tinham bastante espaço para agentes e suprimentos e foram modificados para operações especiais. A torre esférica da base era removida e substituída por um buraco de saída para saltos de paraquedas. Foram incluídos dois pontos fortes para as linhas estáticas. Os aviões eram pintados de preto para máxima camuflagem noturna e tinham equipamento avançado de sinalização instalado.

A navegação nas zonas de pouso envolvia cuidadoso estudo do mapa pelo piloto e identificação de pontos importantes, como rios. Um membro da tripulação se sentava na posição de atirador na frente da aeronave e informava os marcos para o navegador assim que os visualizava.

Os B-24 voavam em baixa altitude, evitando as principais zonas de concentração inimiga, geralmente em noites de lua cheia. Quando a aeronave estava próxima à zona de pouso, usava-se o *s-phone* para comunicação com o agente em campo. Esse sistema, conhecido como Rebecca, envolvia um *s-phone* e um rádio altímetro. O sinal do *s-phone* era como um cone invertido do chão e era difícil ser identificado pelo inimigo.

Quando o piloto estava alinhado com as tochas no chão, as caixas eram lançadas de uma altura de 90-150 metros e em seguida o avião dava uma volta antes dos agentes saltarem de uma altura de 180 metros. Entre janeiro e setembro de 1944, o 801º/492º Grupo Bombardeiro fez 2.263 voos em missão, com uma taxa de 70% de sucesso. Durante esse período, 662 agentes foram levados a campo, com 18.535 caixas de suprimentos.

da marinha real. A equipe OSS liderada por Downes também chegou e começou a reunir informação tática sobre as unidades alemãs na área.

Quando o general Donovan chegou, ele e Downes foram à ilha italiana de Capri, onde encontraram o inspiracional líder antifascista Benedetto Croce, que fora levado à ilha por uma equipe britânica da SOE da qual fazia parte o capitão Max Munthe. Croce disse a Donovan que os italianos não iriam mais aceitar a liderança do rei Victor Emmanuel, que fora manchada por sua associação a Mussolini. Ele sugeriu que uma nova

Abaixo: *Partisan* italiano ferido é alçado a uma acomodação adaptada em um Lysander da RAF próximo a Turim (Itália).

nazistas no Norte da África – não foram recebidas com entusiasmo pelos planejadores militares.

Eddy recebeu permissão do general George Patton para contrabandear dois hidrógrafos que poderiam ser usados para guiar as unidades navais aliadas até seus objetivos. Quando os desembarques começaram, os combatentes da Resistência local em Algiers capturaram postos-chave na cidade e aguardaram a liberação dos GIs (como chamavam os americanos). Entretanto, os americanos demoraram para chegar, devido ao fato de que alguns dos desembarques ocorreram no lugar errado e porque a Resistência na França de Vichy era forte. No final, o almirante Darlan foi persuadido a providenciar um cessar-fogo.

Itália

Os desembarques aliados no Norte da África e o cessar-fogo com o almirante Darlan deram esperança ao movimento de Resistência na Itália, que queria depor o regime fascista de Mussolini. Depois da invasão da Sicília, em 9 de julho de 1943, Mussolini foi preso e o marechal Badoglio assumiu o poder. Embora ainda expressasse lealdade à Alemanha, ele também enviou emissários secretos aos Aliados na Sicília para discutir a rendição italiana.

O OSS vinha mantendo uma operação de inteligência bem-sucedida junto ao Vaticano, canalizando informações dos representantes da Santa Sé no Japão sobre alvos estratégicos para bombardeio. As unidades OSS na Itália, sob a direção de Earl Brennan e Max Corvo, chegaram tarde demais para ajudar nos desembarques aliados na Itália continental, em Salerno. Ainda assim, o contingente espanhol sob Peter Downes decidiu recrutar antifascistas italianos no Norte da África.

EQUIPES DOS GRUPOS OPERACIONAIS DO OSS FORAM ENVIADAS DE PARAQUEDAS PARA O NORTE DA ITÁLIA, A FIM DE TRABALHAR COM GRUPOS *PARTISANS*.

Em 8 de setembro, o general Eisenhower anunciou que o governo italiano assinara um armistício com os Aliados. Em 9 de setembro, os Aliados desembarcaram em Salerno e uma equipe OSS liderada por Peter Tompkins chegou às praias em um Motor Torpedo Boat (MTB)

foi enviado do Norte da África para o sul da França com dois franceses, formando a equipe Jed Chloroform. De lá, partiram para a região francesa de Ródano-Alpes, a fim de montar operações de guerrilha. Estavam em uma área comandada pelo veterano da SOE, tenente-coronel Francis Cammaerts, que controlava grande número de combatentes Maquis no sul da França. Eles montaram a operação próxima a Gap e começaram a distribuir armas e treinar os Maquis locais.

Quando a Operação Torch foi aprovada, o coronel Eddy voou para Washington para apresentar planos de atividades subversivas que aconteceriam junto com o desembarque. No entanto, suas ideias – que incluíam o assassinato de generais

Abaixo: Forças britânicas e americanas durante os desembarques da Operação Torch no Norte da África, em novembro de 1942.

O representante do OSS em Tangier, Marrocos, era o coronel William Eddy, antigo secretário da marinha americana em Cairo, Egito. Eddy foi astuto em equipar os grupos de Resistência local com armas americanas antes da invasão alemã no Norte da África. Depois da nomeação do líder de extrema direita, Pierre Laval, como primeiro-ministro na França de Vichy, a urgência aumentou. Junto com dois especialistas árabes do OSS, Carleton Goon e Gordon Browne, Eddy tentou manter comunicação com grupos de Resistência árabe, apesar da interferência da oligarquia árabe.

Eddy voou para Londres, onde tinha um encontro marcado com figuras proeminentes entre os militares e a inteligência americanos, como os generais Patton, James Doolittle e George Strong, chefe das Tropas de Inteligência Militar americanas. Eddy conseguiu convencer esses tomadores de decisão de que uma invasão aliada no Norte da África só encontraria sinais de Resistência.

Norte da África

Durante o planejamento da Operação Torch, os agentes do OSS forneceram informações cruciais sobre a localização de edifícios inimigos, como fortalezas, estoques de armas e a disposição de tropas inimigas. Durante o desembarque Torch, entre 8 e 16 e novembro de 1942, o OSS ficou responsável por arranjar um piloto francês favorável aos Aliados para guiar um *destroyer* contendo um batalhão de *rangers* americanos que conquistou uma base aérea estratégica. O OSS e as organizações de Resistência locais forneceram inteligência útil e direção prática para as forças americanas depois do desembarque, ajudando-os a alcançar seus objetivos.

QUANDO OS DESEMBARQUES COMEÇARAM, OS COMBATENTES DA RESISTÊNCIA LOCAL EM ALGIERS CAPTURARAM POSTOS-CHAVE NA CIDADE.

OSS e SOE montaram um quartel-general conjunto em Algiers, chamado Centro de Operações Projeto Especial (SPOC, Special Project Operations Center). O tenente Henry McInborn, agente americano do OSS,

No entanto, uma unidade da SOE estava a postos em Gibraltar, pronta para se mudar para a Espanha caso o regime Franco decidisse colaborar com os alemães.

França

Depois do armistício, três quintos do território francês, incluindo Paris, foram ocupados pelas tropas nazistas e o resto foi governado pelo regime Vichy, tolerado pelos nazistas. Por trás da figura sênior do líder francês, marechal Pétain, estava o oportunista almirante Darlan. A maior parte do governo Vichy era violentamente antibritânica, principalmente quando Churchill apoiou a França Livre de Gaulle na Inglaterra. Os Estados Unidos mantiveram uma embaixada em Vichy, apesar de sua antipatia pelo que isso significava; isso permitiu que os diplomatas americanos ali presentes reunissem inteligência para Washington, o que era particularmente importante em relação às forças francesas no Norte da África.

Acima: General Donovan (à esquerda), com o coronel William Eddy, representante do OSS em Tangier, Marrocos.

O diplomata americano Robert Murphy negociou com as autoridades francesas para enviar suprimentos de bens essenciais para suas colônias africanas em troca de manter escritórios de observadores americanos diplomáticos na Argélia, Marrocos e Casablanca, na Tunísia. Esses representantes diplomáticos, embora supostamente monitorando a entrega de suprimentos americanos na região, foram bem treinados para reunir inteligência. Felizmente para os americanos, os agentes locais da Gestapo não deram atenção aos diplomatas americanos, assim eles puderam enviar informações valiosas sobre a evolução militar e política na região sem grandes impedimentos.

compreensível, visto que agentes excessivamente zelosos do OSS quase começaram um golpe em Açores contra o regime fascista em Portugal, que também era neutro.

Em junho de 1943, uma equipe OSS foi enviada por Donald Downes para Málaga, a fim de estabelecer contato com o remanescente exilado do governo republicano espanhol. Uma grande equipe com equipamento remoto foi enviada em uma traineira [barco de pesca] portuguesa providenciada pela inteligência britânica. No entanto, a Operação Málaga foi comprometida por informantes e os agentes OSS foram presos. Isso levou a um protesto formal das autoridades espanholas ao embaixador americano. Como resultado, o embaixador Hayes elaborou um acordo de compensação em que o OSS concordaria em não conduzir nenhuma operação ofensiva aos espanhóis, restringindo suas atividades a obter "informação militar do inimigo e de territórios ocupados pelo inimigo".

Sir Samuel Hoare era o embaixador britânico em Madri, também cauteloso em relação às atividades da SOE na Espanha pelos mesmos motivos.

Abaixo: Winston Churchill e o embaixador britânico em Madri, Sir Samuel Hoare.

a buscar abrigo em uma cabana de caça nos montes Tatra, entre a Eslováquia e a Polônia. Enquanto Maria Gulovich e quatro agentes estavam fora em busca de comida, a Waffen-SS cercou a cabana e prendeu os agentes do OSS e da SOE que estavam ali. Eles foram enviados para o campo de concentração de Mauthausen na Áustria, onde foram torturados e depois fuzilados. Gulovich e os outros fugiram para o lado russo. Gulovich mais tarde recebeu a Estrela de Bronze dada por William Donovan por seu trabalho.

Espanha

As unidades de Inteligência Secreta (SI) do OSS estavam baseadas no norte da Espanha, a fim de facilitar a coordenação de atividades junto a unidades na França, e para ajudar e dialogar com aliados recuperados em rotas de fuga vindas da França passando pela Espanha. Mensageiros ao longo da fronteira também contrabandeavam valiosas informações de inteligência; foi por causa de informações vindas da França para a Espanha que os Aliados puderam planejar a Operação Dragoon (o desembarque aliado no sul da França em agosto, depois dos desembarques do Dia-D em junho na Normandia).

Os agentes OSS tinham um desafiador relacionamento com o embaixador americano em Madri, Carlton J. H. Hayes, que estava preocupado em não perturbar a delicada relação com o governo neutro, porém fascista, do general Franco. A princípio, até a chegada do desembarque Torch no Norte da África, Hayes não permitiu que os agentes OSS reunissem informações na Espanha que incomodassem o governo espanhol. A precaução de Hayes era

Abaixo: Carlton Hayes, embaixador americano na Espanha (1942-1945), estava preocupado que as operações subversivas do OSS ameaçassem a delicada relação diplomática com o governo Franco fascista.

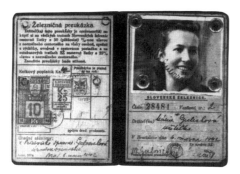

Acima: Maria Gulovich era uma jovem professora eslovaca que ajudou a esconder judeus dos nazistas e trabalhou no OSS como guia e intérprete.

onde se voluntariou para o ramo de Operações Especiais OSS. Por ter uma perna falsa, foi enviada para a Bretanha Francesa por um *Motor Torpedo Boat* (MTB) britânico.

Trabalhando sob o codinome Diane, Hall conseguiu despistar a Gestapo e começou a treinar grupos de Resistência francesa. Ela também organizou campos de pouso para armas e outros suprimentos vindos da Inglaterra. Quando os exércitos aliados se moveram para leste atravessando a França, ela se uniu a equipes Jedburgh antes de ser absorvida no território já reconquistado pelos Aliados. Hall quase foi presa por um agente duplo trabalhando para a *Abwehr*, que conseguiu ganhar sua confiança e descobriu suas ligações. Quando os alemães invadiram a França de Vichy, Hall escapou pelos montes Pireneus para a Espanha.

HÉLÈNE MARGUERITE DESCHAMPS ADAMS

Hélène Deschamps se uniu à Resistência francesa e dava relatórios sobre as instalações militares alemãs, além de coordenar despachos americanos por paraquedas. Ela trabalhava como secretária no quartel general da Milícia, que era o equivalente da Gestapo na França de Vichy. Lá ela salvou a vida de muitas pessoas removendo os arquivos que continham ordens para que fossem executadas ou levadas para campos de concentração. Ela também ajudou a guiar algumas famílias judias em segurança até a Espanha. Quando ficou desiludida com os grupos de Resistência francesa competindo entre si, foi recrutada pelo OSS e mais tarde se casou com um oficial americano.

MARIA GULOVICH

O OSS enviou uma equipe de codinome Dawes para ajudar os combatentes da Resistência eslovaca a lutar contra o regime pró-Alemanha. Operações de busca da Waffen-SS e severas condições de inverno os forçaram

OPERAÇÃO SUSSEX
Essa foi uma operação conjunta entre OSS, SOE e Resistência, em que eram colocadas equipes de duas pessoas (um observador e um operador de rádio) em pontos estratégicos – como estações ferroviárias, bases aéreas e cruzamentos de rodovias –, a fim de reportar movimentos inimigos para o quartel-general aliado.

O Plano Proust foi um suplemento eficaz para a Operação Sussex; seu objetivo era prover inteligência adicional para as forças americanas após o estabelecimento da cabeça de ponte na Normandia. Foram treinados cerca de 50 agentes, além daqueles que já estavam envolvidos nas Operações Sussex e Jedburgh. Os agentes Proust reuniam inteligência tática, trabalhando junto com os Maquis locais e enviando informações por rádio para a unidade do Destacamento de Forças Especiais americano com que estivessem trabalhando.

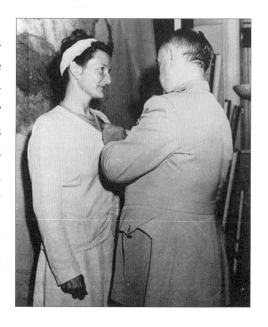

Acima: Virginia Hall, do ramo de Operações Especiais do OSS, recebe do general Donovan a Cruz de Distinção por Serviço, em setembro de 1945.

Mulheres Corajosas do OSS
Havia cerca de 4.500 mulheres servindo no OSS, muitas das quais faziam tarefas clericais e de pesquisa. Algumas viviam vidas duplas no meio das forças de ocupação, trabalhando em serviços comuns, mas também se colocando face a face com o perigo.

VIRGINIA HALL
Virginia Hall era uma americana treinada pela SOE em manejo de armas, comunicações, atividades de Resistência e segurança. Foi enviada para trabalhar na França de Vichy coordenando as atividades da Resistência francesa. Em seguida, mudou-se para Madri antes de retornar a Londres,

começou a desembarcar no sul da França próximo a Saint Tropez. As forças alemãs na região eram o 19º Exército reforçado pela 11ª Divisão Panzer. Para a estratégia de invasão, foi fundamental saber que havia milhares de combatentes Maquis armados e treinados por equipes Jed, como a equipe Chloroform. A maioria dos suprimentos foi despachada por bombardeiros americanos, como os B-24 Liberators vindos de bases na Inglaterra.

Um dia antes dos pousos da Operação Dragoon, a BBC transmitiu uma série de mensagens em código dirigidas a vários grupos Maquis para que atacassem certos alvos e instalações estratégicas. As atividades de operações especiais foram sincronizadas com o 7º Exército americano através de sua 4ª Unidade de Forças Especiais. Após a invasão, a equipe Jed Chloroform foi informada de que uma divisão Panzer estava dirigindo através das montanhas da Itália e precisava ser parada.

Assim, eles bloquearam a ponte principal próxima à entrada da cidade francesa de Gap com caminhões. A seguir, foram para o sul, onde encontraram o 117º Esquadrão de Cavalaria de Reconhecimento, Força Tarefa Butler, que estava sondando o norte em busca do inimigo.

ALLEN DULLES

ALLEN DULLES ERA O diplomata responsável pelo escritório do OSS em Bern, na Suíça neutra. Suas conexões locais lhe permitiram receber informação confidencial de diplomatas alemães contrários à guerra, como Fritz Kolbe, e descobrir o desenvolvimento de armas secretas alemãs, como o foguete V1, além dos planos alemães de desenvolver uma bomba nuclear. Dulles rapidamente se tornou o contato de escolha para aqueles que queriam minar os poderes do Eixo.

Ao lado: Em seu escritório em Bern, Suíça, Allen Dulles foi um intermediário diplomático crucial para o OSS.

Acima: Uma equipe Jedburgh se prepara para subir a bordo de um avião bombardeiro B-24 Consolidator, no campo aéreo Harrington, durante as operações *Carpetbagger*.

Página ao lado: Paraquedistas aliados da 1ª Força Tarefa Aeronáutica pousam no sul da França durante a Operação Dragoon, em 15 de agosto de 1944.

para cá procurando desesperadamente pelos paraquedistas. Quando a noite caiu novamente, a equipe Bruce atravessou uma tempestade em escuridão total até chegar a uma fazenda onde encontraram Maquis amigos.

Os agentes foram levados ao encontro do líder da Resistência local, um homem chamado Roger Bardet. Naquela época, eles não sabiam que Bardet era um traidor, forçado pelos alemães. No entanto, as suspeitas surgiram quando Bardet se recusou a revelar o local das forças alemãs e os dissuadiu de atacar unidades alemãs já conhecidas.

Mais tarde, a equipe Bruce fez contato com a 4ª Divisão Armada americana, que avançava rapidamente, pois estava à frente do exército do general Patton. Assim, logo a equipe Bruce tinha apoio do próprio general Patton para ter prioridade em receber entregas de armas, a fim de que pudessem tomar cidades e executar operações de sabotagem que impediriam os alemães de ser uma ameaça para o 3º Exército. A equipe Bruce também facilitou a ligação entre o 3º Exército de Patton e as forças Aliadas, ao vir do sul da França.

OPERAÇÃO DRAGOON
Em 15 de agosto de 1944, o 7º Exército americano, sob comando do tenente-general Alexander Patch,

As três pessoas da equipe Jed eram treinadas juntas, no centro de comando em Achnacarry, nos planaltos escoceses, e aprendiam combate não armado e sabotagem no Milton Hall, na Inglaterra. Antes dos Jeds serem enviados, a Resistência em campo recebia uma mensagem em código informando a iminente chegada de uma equipe Jed. Os combatentes da Resistência checavam se havia atividade inimiga na área de pouso e enviavam um sinal em código

> OS TRÊS HOMENS SALTAVAM UM A UM DO AVIÃO, COM SUAS LINHAS ESTÁTICAS AUTOMATICAMENTE ABRINDO OS PARAQUEDAS.

Morse para confirmar que tudo estava pronto para os homens saltarem. Pequenas fogueiras ou tochas eram acesas, formando um triângulo para demarcar a área de pouso.

Ao receber o sinal, os três homens saltavam um a um do avião, com suas linhas estáticas automaticamente abrindo os paraquedas. Assim que chegavam ao chão, junto com as caixas de suprimentos, os combatentes da Resistência surgiam de esconderijos para guiar os homens até uma casa segura, carregando as caixas em carroças puxadas por cavalos que também ficavam escondidas nos arredores. Os Jeds também podiam trabalhar com soldados do SAS britânico ou com Grupos Operacionais americanos já em campo. Às vezes, a velocidade do avanço dos Aliados era tal que as equipes Jed acabavam pousando em território amigo em vez de inimigo, tornando sua missão desnecessária.

A equipe Jed Bruce, da qual era membro o agente do OSS Bill Colby, futuro diretor da CIA [Central Inteligence Agency, futuro nome do OSS], foi acidentalmente despachada no local errado quando o piloto da aeronave confundiu o fogo de um trem sabotado com o sinal para pouso. Assim, a equipe Bruce pousou no centro da cidade de Montargis, próximo a Orleans, e Colby pousou em um quintal com galinhas cacarejando. As caixas se chocaram com prédios ao redor ou quicaram com estrondo em ruas pavimentadas. Em meio ao alvoroço, pessoas locais assustadas lhes disseram que havia uma guarnição alemã próxima. Sem tempo para recuperar as caixas, a equipe Bruce saiu da cidade o mais rápido possível, seguindo uma linha férrea e se movendo em campo aberto até o amanhecer, quando se esconderam em uma vala. Veículos alemães correram de lá

com a Resistência local no campo. Eles eram como um ponto de encontro para aumentar a energia dos grupos de Resistência locais para combater o inimigo.

Uma equipe Jedburgh típica consistia em um americano, um britânico e um soldado francês, um dos quais era o especialista em rádio. Eles carregavam uma variedade de equipamentos que lhes permitiriam tomar ação ofensiva, como carabinas M1 e revólveres calibre 45, e tinham francos franceses e dólares americanos escondidos para distribuir quando necessário. Caixas tubulares tipo C, contendo uma variedade de armas e outros equipamentos para distribuir entre os combatentes da Resistência, eram despachadas por via aérea junto com as equipes Jed, e suprimentos extras eram pedidos por rádio.

Abaixo: Jeds treinam para se acostumarem com altura no centro de comando de Achnacarry, Escócia.

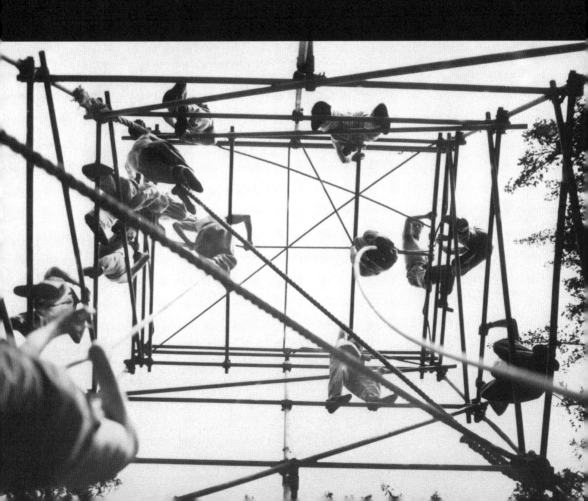

O propósito da Operação Jedburgh era limpar o caminho, confundir as operações inimigas e preservar locais estratégicos à medida que os exércitos aliados avançavam pela Europa após a invasão do Dia D. Os "Jeds", como ficaram conhecidos, costumavam ser equipes de três homens que desciam ao território inimigo por paraquedas a fim de trabalhar

Os cartuchos geralmente eram soldados de frente um para o outro, para facilitar a recarga. Embora feita para ser fácil de usar, ela podia ser temperamental se não limpada regularmente. Ainda assim, dizia-se que era mais simples de desmontar e limpar do que sua anterior, a Thompson, ou sua rival britânica, a Sten, e que era mais precisa.

Acima: *Kit* de filme Camera X para a câmera Matchbox do OSS.

CÂMERAS DO OSS

Câmeras em miniatura eram usadas por agentes para fotografar documentos secretos: as câmeras compactas subminiatura alemã Minox e a Kodak 16 mm Matchbox.

RÁDIOS DO OSS

Transmissor e receptor Special Services Modelo Nº 1 (SSTR-1)
Esse era um transmissor e receptor portátil de alta frequência feito para o OSS. A unidade era carregada em uma maleta. A bateria de 6 V e 20 A fornecia energia, mas precisava ser frequentemente recarregada com um gerador de mão, motor ou bicicleta. O SSTR-1 foi muito usado nas operações de Sussex, apesar de ser relativamente pesado de carregar.

SISTEMA JOAN-ELEANOR (J-E)

Entre os rádios especialmente adaptados estava o sistema VHF [altíssima frequência] "Joan-Eleanor", que permitia aos agentes em campo comunicar-se com aeronaves aliadas circulando acima com segurança, por voz e sem precisar de decodificação.

Operação Jedburgh – OSS

Essa operação foi uma iniciativa conjunta entre americanos (OSS), britânicos (SOE) e França Livre (BCRA). Foi a primeira grande colaboração desse tipo; os recursos americanos permitiram à SOE ampliar suas operações para uma escala muito maior do que fora possível até então.

ARMAS E EQUIPAMENTOS DO OSS

Acima: Revólver Hi-Standard calibre 22, sem o silenciador.

REVÓLVER HI-STANDARD HDM CALIBRE 22 COM SILENCIADOR

O trabalho em locais secretos exigia várias armas e dispositivos especializados. Um deles era o revólver Hi-Standard calibre 22 com silenciador, que podia ser usado contra inimigos a curta distância e era quase inaudível quando disparado, por ter um silenciador integral. A munição especialmente desenvolvida para o revólver eram *full metal jackets* (projéteis encamisados) 0,22 LR.

GRANADA OSS T13 BEANO

A granada OSS T13 Beano foi projetada para imitar uma bola de beisebol para que os agentes a achassem fácil de lançar.

REVÓLVER FP-45 *LIBERATOR*

Para tiros individuais, o revólver FP-45 *Liberator* tinha um *design* simples e compacto, com alcance máximo de 8 m. Apesar de produzido em larga escala, não era muito popular entre os agentes, que tendiam a escolher armas mais sofisticadas sempre que possível.

SUBMETRALHADORA UNITED DEFENSE MODELO 42 *MARLIN* (UD-42) 9 MM

Essa era uma arma de fogo *blowback* seletiva, feita como alternativa para a submetralhadora Thompson. Foi produzida nas versões 9×19 mm Parabellum e 0,45 ACP. Seu cartucho tinha capacidade para 25 projéteis de 9 mm.

Ao lado: A forma de bola de beisebol da granada OSS T13 Beano foi feita para permitir fácil arremesso.

estimativas bem embasadas. No entanto, no meio da guerra, em razão da imprevisibilidade e constante mudança, a visão longa e aprofundada ficou em segundo plano, sendo precedida pelos imperativos dos eventos recentes e dos sólidos sinais de inteligência, como os detectados por decodificadores Ultra.

Uma parte especial da R&A trabalhava exclusivamente criando imitações de cartões nacionais de identificação, cartões de ração e permissões de trabalho, copiados dos originais. Quaisquer erros poderiam causar a captura de um agente.

Um exemplo de erro em permissões de trabalho era ter duas assinaturas em locais diferentes com a mesma caligrafia.

Todas as roupas usadas por um agente tinham de ser exatamente iguais às locais. Isso incluía formas especiais de sapato e também os detalhes dos adereços nas roupas. Óculos, navalhas, canetas e outros itens também tinham de ser iguais aos das marcas locais.

Abaixo: Os detonadores desenvolvidos pelo OSS e a Grã-Bretanha eram do tipo A-3 (pressão) ou do tipo A-2 (puxar), e podiam ser acionados quando puxados por um tripwire[3].

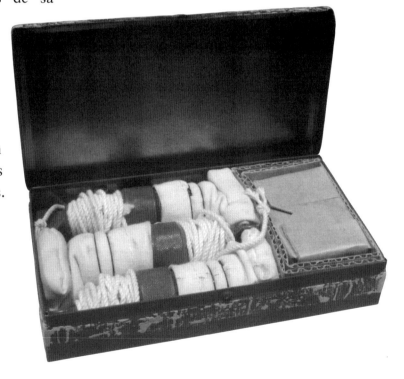

---

3 N. T.: *Tripwire* é um fio-gatilho acionado quando uma pessoa passa onde ele está esticado.

Os oficiais americanos da X-2, James Angleton e Anthony Berding, logo em seguida estabeleceram suas próprias operações CEA na Itália. Depois que os Aliados entraram em Roma, Berding se fez passar por um agente secreto alemão de codinome Arbiter, trabalhando com unidades britânicas e francesas semelhantes aos CEAs.

Embora as operações dos CEAs da X-2 não tenham sido decisivas, a situação dos Aliados após o Dia D era tal que não havia tempo para criar circuitos de agentes, assim fizeram parte do esforço conjunto de operações secretas que deu uma contribuição significativa para a vitória dos Aliados.

DIVISÃO DE PESQUISA E ANÁLISE (R&A)

William Donovan era um homem de ação, por isso a equipe do quartel--general OSS em Washington queria parecer ocupada quando ele aparecesse. No entanto, o OSS também notou que precisava de sólida pesquisa e análise para entender os relatos da imprensa e de transmissões inimigas, de modo que a divisão de R&A foi configurada pelo historiador de Harvard Wiliam Langer. Os membros da divisão R&A eram recrutados de universidades e outras instituições por todo o país, totalizando cerca de 900 estudiosos. Com mentes treinadas e conhecimento dos idiomas e técnicas envolvidas, eles produziram previsões precisas do derradeiro fracasso da invasão do Eixo à União Soviética (Operação Barbarossa) e estiveram entre os primeiros a mostrar o verdadeiro horror da Solução Final[2].

A Unidade de Objetivos Inimigos da R&A produziu análises que levaram à ação direta contra fábricas de armas alemãs e instalações de combustível. A confirmação de que os alvos certos eram atingidos geralmente repercutia nas transmissões recebidas via decodificadores Ultra, que revelavam pânico entre os comandantes seniores inimigos.

A divisão de R&A do OSS era mais avançada que tudo que os britânicos e os outros serviços de inteligência tinham disponíveis, e provou quão preciosa a inteligência pode ser quando lapidada por análise e

---

2 N. T.: Solução Final foi o nome dado pelos alemães à "solução final da questão judaica", que seria a total erradicação dos judeus dos territórios controlados pela Alemanha.

da X-2 sob a Operação Jessica levaram os alemães a enfrentar um suposto ataque na fronteira italiana com o sul da França. Isso levou pelo menos duas divisões alemãs a ficarem presas na área, sendo que estavam sendo mais requisitadas em outra parte. As unidades do CEA avançaram junto com o 12º Grupo do Exército para a fronteira leste da França, onde capturaram vários agentes alemães que foram colocados para trabalhar para os Aliados.

Acima: O general George Patton rapidamente reorganizou suas forças, para alívio de Bastogne, durante a Batalha do Bulge em dezembro de 1944.

Em dezembro de 1943, a X-2 conseguiu que dois CEAs fornecessem informações enganosas sobre o envio do 3º Exército sob comando do general Patton em um momento crucial da Batalha de Bulge. Os CEAs conseguiram convencer o alto comando alemão de que não era possível que o exército inteiro de Patton se movesse para a frente de batalha em uma única viagem, portanto, teriam de ir em grupos menores. Os alemães levaram um susto quando o 3º Exército inteiro apareceu.

A X-2 desenvolveu operações de contrainteligência na Itália seguindo as direções dadas pela MI6 Seção V britânica, que colocou o primeiro agente CEA na Itália, codinome Primo, como parte da Operação Vendetta. O objetivo dessa operação era manter as divisões alemãs ocupadas no sul da França para que não estivessem próximas quando houvesse o desembarque aliado e o estabelecimento das cabeças de ponte na Normandia.

Acima: Mulheres do Women's Royal Naval Service (WRNS), do Auxiliary Territorial Service (ATS) e da WAAF deciframa mensagens na Escola Governamental de Códigos e Cifras (GC&CS).

cobria o Extremo Oriente. O escritório da X-2 em Londres foi dividido em regiões e países. Eles focaram nas operações dos serviços de inteligência alemãos: a *Abwehr* e o SD (*Sicherheitsdienst*).

UNIDADES DE CONTRAINTELIGÊNCIA ESPECIAL
Essas unidades viajavam junto com as formações do exército em avanço, a fim de interceptar agentes secretos inimigos e analisar informações que estivessem trocando antes de serem capturados pela Resistência local. Sempre que possível, elas mesmas se tornavam agentes, passando falsas informações para o inimigo.

As operações da X-2 do OSS dirigiam os Controlled Enemy Agents (Agentes Controlados pelo Inimigo), CEAs, na França, incluindo a instalação Frutos em Cherbourg, transformada pela inteligência americana e britânica na Operação Dragoman. Frutos enviava aos alemães falsas informações sobre os preparativos navais aliados no Canal, sobre movimentos de comboios e o tráfico dentro e fora do porto de Antuérpia. As operações de falsificação

com *partisan*s na Iugoslávia, fala por muitos: "Temos enorme, ou melhor, ilimitado respeito pela maneira como eles lutaram... Nos motivou muito".

Operações Morais (MO)
Essas operações visavam criar desinformação pela divulgação de folhetos, boatos e transmissões de rádio destinadas a dar falsa informação e propaganda. O MO distribuía folhetos como esses encorajando soldados do Eixo a desertar. Isso foi muito bem-sucedido, levando a dez mil deserções. Na Operação Sauerkraut, prisioneiros de guerra alemães foram recrutados para espalhar folhetos entre as forças alemãs na Itália depois da tentativa de assassinato de Hitler. Os folhetos diziam que o general Kesselring estava renunciando, pois a guerra estava perdida. Outras propagandas incluíam uma falsa ordem do Alto Comando Japonês para que as tropas japonesas em situação difícil se rendessem em vez de lutar até a morte.

Contraespionagem (X-2)
Esse departamento foi montado no quartel general do OSS em Londres, onde tinham acesso privilegiado a decodificadores Ultra vindos de Bletchley Park. O escritório da X-2 em Londres lidou com Europa e Mediterrâneo, enquanto o escritório de Washington

Abaixo: Hitler e Mussolini examinam o dano causado pela tentativa de assassinato de Hitler em 20 de julho de 1944.

protegidos pela Convenção de Genebra. No entanto, depois da Ordem Comando de Hitler de Outubro de 1942, eles sabiam que provavelmente seriam mortos a tiros se fossem capturados. O Grupo Operacional na Europa foi designado 2.671º Batalhão Especial de Reconhecimento (provisório). Sob o Comando de Operações de Grupo, as atividades de SI e SO foram unificadas. Os Grupos Operacionais foram organizados de acordo com seus países-alvo, por exemplo: Grupo Operacional francês, Grupo Operacional italiano. Consistiam em 32 homens que se infiltravam nas linhas inimigas de uniforme, a fim de cumprir missões de espionagem e sabotagem, trabalhando junto aos grupos de resistência local. Sterling Hayden, agente OSS que trabalhou

Abaixo: Agentes OSS participam de treinamento sobre demolições em Milton Hall, cerca de 1944.

pessoal idealista do que como representantes das polícias do Departamento de Estado.

Apesar das tensões entre OSS e SOE sobre as esferas de influência e formas de operação, a determinação de lutar contra um inimigo comum provou ser mais forte que as diferenças. Nos momentos decisivos, OSS e SOE uniram forças.

ESTRUTURA

O "departamento" OSS era composto de quatro seções principais que, diferentemente da SOE britânica, combinavam reunião de inteligência e operações ativas sob um mesmo teto. As quatro seções eram: Inteligência Secreta (SI), Operações Secretas (SO), combate psicológico e moral (MO) e contraespionagem (X-2). A seção de Atividades Especiais para espionagem, sabotagem e guerrilha foi dividida em SO e SI. Foi estabelecido um Serviço de Informação Estrangeira para enviar propaganda real ou "branca" por todo o mundo.

Inteligência Secreta (SI)

O SI foi dividido em quatro seções regionais, cobrindo Europa, África, Oriente Médio e Extremo Oriente. Esta unidade do OSS reunia inteligência proveniente tanto de agentes trabalhando em território inimigo como, frequentemente, de contatos com grupos de Resistência local. O SI reunia informação sobre o inimigo, sobre a identificação e o movimento de unidades, além de inteligência política, econômica e psicológica.

Operações Especiais (SO)

O ramo SO envolvia ação direta de agentes do OSS contra alvos inimigos, geralmente trabalhando com organizações locais de Resistência. Essa ação direta envolvia operações de sabotagem e emboscadas.

Grupos Operacionais (OG)

Os Grupos Operacionais originalmente faziam parte da SO, mas então se tornaram uma seção individual. Os Grupos Operacionais usavam uniformes e armas nacionais ou multinacionais, estando assim oficialmente

Acima: Broche de lapela do OSS.

assunto foi abordado por Allen Dulles em um escritório superior ao escritório da MI6 britânica. Donovan pensou em recrutar agentes de uma ampla variedade de cenários e fez questão de incluir mulheres. Em 13 de junho de 1942, o nome da operação foi mudado para OSS. De acordo com a Ordem Executiva 9.128, daí em diante o OSS passou a ter o mesmo nível hierárquico que outros serviços militares.

A nova organização foi vista com desconfiança pelo Departamento de Guerra americano e pelo major-general George V. Strong, chefe da inteligência do exército, mas talvez o principal inimigo de Donovan tenha sido J. Edgar Hoover, chefe do FBI. O FBI dominava operações na América do Sul e o OSS foi excluído das Operações Pacific Theatre. Ao final de 1944, o OSS já tinha cerca de treze mil colaboradores, sendo que dois terços eram do exército e da aeronáutica americana, e o restante eram outros militares americanos, da marinha e de serviços navais, além de civis. Cerca de 4.500 colaboradores eram mulheres.

Donovan era um otimista inabalável que acreditava que tudo era possível. Seus agentes sabiam por experiência própria que ele não aceitava "não" como resposta. Ele era impaciente com detalhes organizacionais, sendo mais focado em ação, e sabia que os métodos e atitudes militares tradicionais não eram relevantes para o tipo de trabalho executado pelo OSS. Ele valorizava o fato de que os agentes do OSS podiam "pensar fora da caixa" e ter a coragem de ser diferentes. No entanto, essa cultura individualista e não convencional da cultura OSS geralmente causava atrito com corporações militares e diplomáticas mais estabelecidas.

Em sua maioria, os agentes do OSS tinham a mente aberta, eram favoráveis à reforma social e à democracia e, certamente, antifascistas. Não havia racismo contra orientais entre os oficiais do OSS atuando em locais como a Birmânia, com seus nativos Kachin. Os agentes OSS eram embaixadores individuais dos Estados Unidos, mais por uma perspectiva

métodos de treinamento. O treinamento de agentes americanos do OSS foi facilitado pelos britânicos em escolas secretas no Canadá. Tempos mais tarde, na guerra, os americanos devolveram o favor compartilhando com os britânicos valiosas informações de inteligência, equipamento técnico e assistência financeira.

A visita de Donovan à Grã-Bretanha provou ser de considerável benefício de várias maneiras. Ele ajudou a intermediar o "Acordo de *Destroyers* em troca de Bases", pelo qual os Estados Unidos davam à Grã-Bretanha *destroyers* [navios de guerra] em troca do direito de construir mais bases nos territórios britânicos por todo o mundo. Outros equipamentos enviados à Grã-Bretanha foram 100 bombardeiros Superfortress para o comando costeiro da RAF e um milhão de rifles para a Home Guard britânica[1].

Acima: Estação de escuta do OSS. Essas estações recebiam e decodificavam mensagens dos agentes em campo.

Usando sua nomeação por Roosevelt como coordenador de informação, Donovan melhorou suas conexões com a inteligência britânica a fim de desenvolver uma agência de inteligência americana centralizada. Esse

---

1 N. T.: a Home Guard era um grupo de voluntários britânicos, geralmente não aptos para o serviço militar por conta da idade, que patrulhava o litoral e pontos estratégicos na Grã-Bretanha para dar alerta em caso de uma invasão alemã.

de inteligência combinada que iria tanto coletar e analisar informações como utilizar essa inteligência em operações paramilitares e sabotagem fora do país.

Inicialmente, a nova organização foi chamada de Coordenação de Informação (COI), nome que posteriormente foi alterado para Departamento de Serviços Estratégicos, OSS.

WILLIAM DONOVAN

William "Wild Bill" Donovan ganhou uma Medalha de Honra durante seu serviço no 165º Regimento de Infantaria durante a Primeira Guerra Mundial. Mais tarde, serviu como general procurador assistente durante a administração do presidente americano Calvin Coolidge. Em 14 de julho de 1940, quando a Grã-Bretanha lutava para sobreviver à *Luftwaffe* [força aérea alemã], Donovan, com apoio de Franklin D. Roosevelt, deixou os Estados Unidos com a missão de visitar a Grã-Bretanha e avaliar suas possibilidades de resistir ao massacre alemão. Após encontrar sua majestade, o Rei, Winston Churchill e outros políticos e empresários seniores britânicos, Donovan reportou a Roosevelt que, com apoio, a Grã-Bretanha conseguiria superar a situação.

Por sua vez, os britânicos tinham tanta confiança em Donovan que lhe deram acesso a organizações de inteligência britânicas como o SIS e à recém-formada SOE e suas comunicações. Em seu retorno aos Estados Unidos, Donovan trabalhou junto com William Stephenson, chefe do Escritório de Coordenação de Segurança Britânica nos Estados Unidos, de codinome Intrepid. Stephenson deu a Donovan o benefício da experiência britânica nessa área, incluindo comunicações clandestinas, técnicas de espionagem e

Abaixo: Bill Donovan foi o principal mobilizador para a criação do OSS e sua fonte de inspiração e energia.

2

ESTADOS UNIDOS

Embora os Estados Unidos não tenham participado diretamente no início da Segunda Guerra Mundial, mantiveram grande interesse nos eventos da Europa enquanto o continente sucumbia à *blitzkrieg* alemã, o Reino Unido salvava seu exército e combatia a *Luftwaffe* [força aérea alemã].

QUANDO os Estados Unidos declararam guerra contra o Japão, em dezembro de 1941, e a Alemanha declarou guerra aos Estados Unidos, os preparativos já estavam feitos para o desenvolvimento de operações secretas.

Página ao lado: Soldado preenche boletim de notícias fora de uma tenda da Inteligência do Acampamento Kyaukpyu, um dia antes da partida do OSS via comboio para Rangoon, Birmânia, maio de 1945.

Departamento de Serviços Estratégicos (OSS, Office of Strategic Services)

Antes da criação do OSS, a reunião e interpretação de inteligência eram feitas domesticamente pelo Federal Bureau of Investigation (FBI), enquanto o Exército e a Marinha americanos tinham seus próprios departamentos de *code-breaking*. O presidente Roosevelt ordenou a criação de um serviço

FLASH !
O.S.S. CAPTURES
SANDOWAY

ON 5 MAY 1945 A
COORDINATED ATTACK
BY LAND, AIR & WATER
OF DET 101, AFU
TOOK THE CITY
Navy- LCP-Capt Hunter
Air Force-L5-Lt Condict
Land-5Men-Capt.Williams.

pos de Penetração de Longa Distância foram formados para mais operações na Birmânia. Foram organizados em oito fileiras de 400 homens. Uma brigada entraria na Birmânia a pé em fevereiro, enquanto as demais sobrevoariam a região em março. Tendo alcançado seus objetivos, os chindits começaram a atacar as comunicações japonesas. Depois da morte de Wingate, em 24 de março, o comando passou para o general americano Joseph "Vinegar Joe" Stilwell. Embora Myitkyina e Mogaung tenham sido subjugadas, Stilwell usou os chindits como uma infantaria regular, visto estarem mal equipados e terem sofrido grandes baixas.

O fato de que soldados comuns poderiam ser treinados em combate na selva com sucesso e derrotar os japoneses usando uma forma de guerrilha não convencional foi um grande ânimo para o Exército Britânico, e ajudou a inspirar treinamentos que permitiram a reconquista da Birmânia sob a liderança do general Slim.

Acima: Chindits na Birmânia carregam um companheiro ferido. Eles eram homens comuns que receberam uma missão extraordinária.

OS CHINDITS

APÓS A DERROTA DAS forças britânicas na Birmânia pelos japoneses, o departamento de guerra britânico reconheceu a necessidade de métodos não convencionais de guerra. O tenente-coronel Orde Wingate, que obtivera sucesso com operações especiais na Abissínia e na Palestina, ficou sob o comando do general Archibald Wavell.

Depois de viajar pelo norte da Birmânia e conhecer pessoas como o responsável da Escola de Guerra Bush, major J. M. Calvert, e o comandante da 1ª Companhia da Birmânia, o tenente-general William Slim, Wingate recomendou a formação de uma força-brigada especial que seria capaz de penetrar as linhas inimigas, destruir as comunicações e causar outras perturbações.

A teoria de longa penetração de Wingate dependia de que as tropas aliadas sobrevivessem por longos períodos por trás das linhas inimigas, sendo supridas por via aérea. As unidades seriam divididas de forma a serem potentes o suficiente para causar dano ao inimigo e pequenas o suficiente para permanecerem ocultas na selva.

Embora esta fosse uma força "especial", ela era composta de soldados comuns do 13º King Regiment, 2º e 3º Rifles Gurkha e 142ª Commando Company. Wingate organizou um treinamento especial para eles antes de partirem. Ele mesmo treinou pessoalmente os oficiais chindit ensinando-os a sobreviverem na selva, incluindo o básico de cozinha e manejode armas, travessia de rios, movimentação pela selva e assim por diante.

POR TRÁS DAS LINHAS INIMIGAS

Em 14 de fevereiro de 1943, as primeiras fileiras chindit avançaram pelo território ocupado pelos japoneses na Birmânia central, indo em direção à principal ferrovia norte-sul da Birmânia, entre Mandalay e Mogaung. Quando as primeiras unidades chegaram em 3 de março, começaram a destruir os trilhos sobre pontes. A essa altura, as forças japonesas estavam alertas e caçaram os chindits com três regimentos. Quando chegaram aos limites de alcance do equipamento de rádio e do suprimento aéreo, Wingate ordenou que voltassem para a Índia ou buscassem refúgio na China. Alguns foram capturados pelos japoneses quando alcançaram o rio Chindwin. Dos 3 mil chindits que participaram da operação, 2.182 retornaram, feridos, mas não derrotados.

Apesar das dificuldades, a primeira Operação Chindit impressionou muitas pessoas, incluindo Winston Churchill. Assim, no início de 1944, uma segunda Operação Chindit aconteceu. Seis Gru-

Acima: Operários da SOE preparam equipamento especial para os agentes.

A rota O´Leary foi traída duas vezes, primeiro por um ex-presidiário chamado Harold Cole e depois pelo francês Roger le Neveu. Depois da segunda traição, Guérisse foi preso em Toulouse e enviado para o campo de concentração de Natzweiler-Struthof. Mais tarde foi transferido para Dachau, onde foi sentenciado à morte, mas sobreviveu graças à chegada das forças aliadas. Nesse meio tempo, o trabalho da rota O´Leary continuou sob a liderança de Marie Louise Marthe Dissart, codinome Françoise.

Dos 3 mil pilotos com avião abatido na Europa ocupada antes do Dia D, 90% alcançaram a Espanha neutra devido ao trabalho das rotas da Resistência local, geralmente apoiadas pela MI9 ou pela MISX, seu equivalente americano.

ção Character foi frustrar a tentativa da Primeira Divisão Japonesa, baseada em Shan States, de interceptar a IV Companhia Britânica em seu avanço para Toungoo, ponto vital da estrada para Rangoon. A Força 136 montou uma série de emboscadas na estrada a fim de retardar o avanço japonês.

Military Intelligence Section 9, MI9

A princípio liderada pelo brigadeiro Norman Crockatt, a MI9 tinha um pequeno escritório para um departamento chamado LS9(d), que a partir de 1941 ficou principalmente focado em organizar rotas de fuga para oficiais aliados no continente europeu. Diferentemente da SOE, cuja principal missão era a sabotagem, a MI9 estava quase inteiramente voltada para capacitar a fuga, provendo rotas de fuga locais com equipamentos de comunicação e outros suprimentos, além de organizar ocasionais retiradas por aeronaves ou barcos. Outros agentes eram resgatados por operações da SAS. A MI9 também se envolveu no treinamento de aeronautas aliados, principalmente em técnicas de fuga e evasão. Após escapar do Castelo de Colditz, o capitão Airey Neave ficou a cargo do departamento da MI9, lidando com França, Bélgica e Holanda, e recebendo cooperação da SOE. Algumas importantes rotas de fuga de cooperação da MI9 foram a rota Comet, criada por Andrée de Jongh na Bélgica, e a rota O'Leary, criada pelo ex-oficial belga do exército Albert-Marie Guérisse, em Marselha.

ROTA O'LEARY

Guérisse escapou depois do Dia D e voltou para a Inglaterra, onde foi recrutado pela SOE. Trabalhou como oficial a bordo de um navio britânico "Q" chamado HMS *Fidelity*, que executava operações de sabotagem, deixando e levando agentes para a costa da França. Em 1941, em uma missão, Guérisse estava num pequeno bote que virou a caminho do navio. Ele foi capturado e aprisionado, de onde escapou para Marselha.

Em Marselha, Guérisse tomou uma rota de fuga montada pelo capitão Ian Garrow, que fora capturado e preso em 1941. Os oficiais aliados que conseguiam escapar iam até Marselha, onde eram guiados através dos Montes Pireneus orientais ou centrais, e às vezes levados por *fellucas*[8] da SOE para fora de Gibraltar.

---

8 N. T.: *Fellucas* são os tradicionais barcos à vela da região leste do Mediterrâneo.

o motorista com um golpe. Os homens da Resistência mantiveram o general debaixo do banco de trás enquanto o carro ia para o centro de Heraklion, vinte e duas quadras à frente, sem que os alemães percebessem. Em seguida, Fermor desembarcou Moss, o general e os homens da Resistência antes de se livrar do carro, mas deixou os documentos dentro dele como um claro aviso de que o ato foi uma operação militar britânica, a fim de minimizar o risco de represálias contra os cretenses.

QUANDO O CARRO PAROU LEIGH FERMORN ENTROU, SEGURANDO UMA ARMA CONTRA O GENERAL.

Fugindo das patrulhas alemãs, o grupo foi para o lado sul da ilha via Monte Ida, onde foram encontrados por um Motor Launch (ML) britânico. Em 14 de maio de 1944, os agentes e o general viajaram para Mersa Matruh, no Egito.

Força 136

A Força 136 foi o equivalente das missões Jedburgh na Birmânia [atual Mianmar] ocupada pelo Japão, e exerceu importante papel na reconquista da Birmânia pelas forças britânicas da Índia, sob comando do general Slim. A organização era liderada por um civil, Colin Mackenzie, que mudou seu quartel-general de Meerut na Índia para Kandy, no Ceilão [Sri Lanka], local onde ficava o South East Asia Command (Comando do Sudeste Asiático), SEAC. Originalmente chamado GS I(K), o grupo se tornou conhecido como Força 136 em março de 1944.

Na Malásia, a Força 136 foi capaz de dar apoio ao Malayan People's Anti-japanese Army (Exército Antijaponês do Povo Malaio), MPAJA com armas e conselheiros. Um dos agentes da Força 136 da SOE que desceu de paraquedas na Malásia e trabalhou com o MPAJA foi William "Bill" Travers. Na Birmânia, o povo Karen da fronteira Birmânia-Tailândia era pró-britânico e antijaponês, e alguns deles foram treinados como recrutas do British Burma Rifles (Rifles Britânicos da Birmânia).

OPERAÇÃO CHARACTER

Esta foi uma operação no estilo Jedburgh, em que equipes de três pessoas eram enviadas de paraquedas para áreas Karen da Birmânia a fim de organizar a Resistência contra os japoneses. Um dos maiores sucessos da Opera-

para a prisão de Fresnes, em Paris. De lá, foi transferida para o campo de concentração de Ravensbrück onde, após meses de trabalho árduo e tratamento severo, Violette Szabo foi executada em fevereiro de 1945.

SOE Sequestra um General Alemão na Ilha de Creta

Após perturbadores relatos de brutalidade causada pelo comandante alemão da Ilha de Creta, general Müller (conhecido como "o açougueiro de Creta"), a SOE planejou uma missão para sequestrá-lo e levá-lo para o Egito sob controle britânico. Um dos agentes da SOE, major Patrick Leigh Fermor, escapara com as forças britânicas da invasão alemã de Creta e voltara disfarçado de pastor de ovelhas para organizar operações de Resistência contra a ocupação alemã.

Em abril de 1944, Leigh Fermor e o capitão William Moss chegaram a Creta de paraquedas e barco com alguns combatentes da Resistência de Creta. No entanto, quando a operação foi iniciada, o general Müller foi substituído pelo general Heinrich Kreipe. Leigh Fermor fez um reconhecimento do quartel-general do comandante alemão e ficou decidido que iriam interceptar o carro dele.

Fermor e Moss vestiram uniformes alemães de *gendarmerie* e armaram um bloqueio de estrada a fim de parar o carro do general para uma rotineira revisão de documentos. Quando o carro parou, Leigh Fermor entrou, segurando uma arma contra o general enquanto Moss nocauteava

Ao lado: Membros da equipe que sequestrou o general Kreipe: Georgios Tyrakis, William Stanley Moss, Patrick Leigh Fermor (sentado no centro), Emmanouil Paterakis e Antonios Papaleonidas.

Lysander, o que foi alvo de críticas. Ela retornou à França na noite de 7 de junho, saltando de um bombardeiro da força aérea americana próximo a Limoges, no centro-oeste da França.

Quando Szabo partiu em uma viagem de carro com o também agente Jacques Dufour, codinome Anastasia, ela insistiu em levar uma Sten Gun. Logo depois de buscar um combatente da Resistência, Jean Barriaud, foram parados em um bloqueio alemão que fazia parte das buscas da Segunda Divisão Panzer *Das Reich* devido ao fato de um de seus oficiais ter sido sequestrado na área dos Maquis. Ao se aproximarem, um soldado alemão acenou para que parassem. Dufour, que estava dirigindo, acenou de volta e avisou Szabo e Barriaud que se preparassem para fugir. Dufour parou o carro alguns metros antes do bloqueio e rolou para o chão, atirando com sua arma. Szabo fez o mesmo do outro lado. Barriaud, que estava desarmado, conseguiu fugir do local.

Dufour gritou para Szabo fugir enquanto ele lhe dava cobertura. Ela correu para um campo de trigo e deu cobertura para Dufour correr até ela. Os alemães entraram em carros blindados e os soldados começaram a dar voltas, cercando o campo. No fim, Szabo estava tão exausta de correr agachada no meio do trigo que disse a Dufour para fugir que ela lhe daria cobertura.

Dufour conseguiu se esconder em uma fazenda próxima. Quando Szabo ficou sem munição, foi capturada pelos alemães e levada para a prisão de Limoges, onde foi interrogada por quatro dias antes de ser transferida

Acima: Bela e corajosa, Violette Szabo esteve envolvida em uma troca de tiros com tropas alemãs, mas depois foi capturada e executada no campo de concentração de Ravensbrück.

Durante uma excursão na Áustria, testemunhou judeus sendo agredidos nas ruas. Wake se casou com um empresário industrial em Marselha e, após a invasão da França, ambos se uniram à Resistência. Ela ajudou a escoltar centenas de soldados aliados e ajudou pilotos a pousar em segurança nos montes Pireneus. Devido ao sucesso de seu trabalho, tinha alta posição na lista de procurados da Gestapo, e, graças a sua habilidade de fuga, ficou conhecida como Rato Branco. Em 1943, cruzou os Montes Pireneus sozinha até a Inglaterra, onde entrou para a FANY e para a SOE.

Wake voltou para a França em abril de 1944 e trabalhou na região de Auvergne, combinando envios de suprimentos de armas e equipamentos. Ajudou a organizar a Resistência às tropas alemãs enviadas para destruir os Maquis. Seu marido foi torturado e morto pela Gestapo em agosto em 1943.

VIOLETTE SZABO

Violette Szabo, cujo sobrenome de solteira era Bushell, tinha pai inglês e mãe francesa. Por ter passado a infância na França, seu francês era fluente, o que a tornava uma candidata ideal para agente da SOE. Trabalhou no Auxiliary Territorial Service (Serviço Auxiliar Territorial), ATS, e casou-se com Etienne Szabo, oficial não comissionado na Legião Francesa Estrangeira, que mais tarde foi morto na Segunda Batalha de El Alamein. Isso motivou Violette a aceitar um convite de Selwyn Jepson, o oficial responsável por recrutamento da Seção F da SOE. Ela fez o treinamento em sinais na Inglaterra e o treinamento de campo em Arisaig, Escócia, antes de completar o curso de paraquedas.

Antes de partir para a França, Szabo recebeu um poema em código composto por um criptógrafo da SOE, Leo Marks, talvez motivado por sua lendária beleza; o poema começa assim:

A vida que eu tenho
É tudo o que eu tenho
E a vida que eu tenho
É sua

Szabo, codinome Louise, chegou à França de paraquedas próximo a Cherbourg em 5 de abril de 1944. Sua missão inicial era avaliar o dano causado ao circuito Salesman. Ela também reportou a localização de fábricas de armas alemãs. Em 30 de abril, voltou para a Inglaterra em um

família Khan se mudou para a Inglaterra via Bordeaux. Ela entrou para a WAAF e fez o treinamento de operadora de rádio.

Khan foi recrutada pela Seção F da SOE e depois pela FANY, que era a fachada usada pelas agentes ativas da SOE. Após o treinamento na Mansão Wanborough, foi para Aylesbury em Buckinghamshire para o treinamento intensivo como operadora de rádio, a fim de fazer parte de algum circuito da SOE.

Havia dúvidas se o temperamento e o condicionamento físico de Khan eram adequados para o papel, mas ninguém podia negar suas habilidades como operadora de rádio. Voou em um Lysander de Tangmere para o noroeste de Angers em 17 de julho de 1943, em seguida foi para Paris a fim de se encontrar com Emile Henry Garry, codinome Phono, e Gilbert Norman, com quem não teve muito contato, pois Norman foi preso uma semana depois. Khan continuou com seu importante trabalho de operadora de rádio e recusou um convite de Baker Street para voltar a Londres. Por toda parte, ela levava consigo um caderno contendo suas mensagens codificadas ou em aberto, o que era uma brecha de segurança.

Khan foi presa em seu apartamento na Rua La Faisanderie, não muito longe da Avenida Foch, à qual foi levada para interrogatório. Após uma tentativa de fuga, Khan foi levada para a prisão de Pforzheim na Alemanha, onde foi mantida em solitária até ser transferida para Dachau e executada com um tiro na nuca.

NANCY WAKE

Nancy nasceu na Nova Zelândia e mudou-se para a Austrália. Fugiu de casa aos 16 anos e foi para Paris, passando por Londres, onde trabalhou como jornalista.

Abaixo: Nancy Wake estava na lista dos mais procurados pela Gestapo. Ela ajudou a liderar um grande grupo de Maquis nas florestas da França central.

Acima: Noor Inayat Khan foi uma excelente operadora de rádio. Apesar de alguns na SOE considerarem seu temperamento inadequado para o serviço secreto, não há dúvidas de que ela atuou com coragem.

ELIANE PLEWMAN

Eliane nasceu em Marselha, filha de mãe espanhola e pai inglês, e frequentou a escola tanto em Madri como na Inglaterra. Trabalhou na Embaixada Britânica em Madri e Lisboa, e depois no Ministério da Informação em Londres. Foi aceita como agente de campo da SOE em 25 de fevereiro de 1943 e começou o treinamento de comando na Mansão Wanborough.

Na noite de 13 de agosto, Plewman voou em um bombardeiro Halifax do Esquadrão 161 e saltou de paraquedas na França. Em seguida, foi ao encontro do líder do circuito Monk, capitão Charles Skepper, e seu operador de rádio, Arthur Steele. Plewman, codinome Gaby, serviu como mensageira na área de Marselha por cerca de seis meses, levando mensagens e combinando envios por paraquedas, além de organizar operações de sabotagem.

Skepper foi traído e entregue aos alemães, e Plewman acabou caindo na armadilha de ir para seu apartamento na ocasião. Após ser submetida a severo interrogatório e passar um período na prisão perto de Marselha, foi enviada para a prisão de Fresnes em Paris, de onde mais tarde foi levada para o campo de concentração de Dachau, passando por Karlsruhe. Em 13 de setembro de 1944, Eliane Plewman, junto com Yolande Beekman, Madeleine Damerment e Noor Inayat Khan, foi executada com um tiro na nuca.

NOOR INAYAT KHAN

Nascida em Moscou, Noor Khan se mudou para Londres com sua família, e depois para Paris, onde estudou na Universidade Sorbonne e se tornou autora publicada. Quando a França foi invadida pelos alemães, a

ODETTE SANSOM

Odette Brailly era francesa e mudou-se para a Inglaterra após casar-se com o inglês Roy Sansom. Ela chamou a atenção da SOE e foi recrutada pela FANY. Em 2 de novembro de 1942, Odette pousou em uma praia próxima a Marselha e fez contato com o chefe do circuito Spindle, Peter Churchill, e seu operador de rádio, Adolphe Rabinovitch. Entretanto, pouco depois o circuito foi infiltrado por um oficial da contrainteligência *Abwehr*, depois que os alemães conseguiram apanhar uma lista de contatos. Em 16 de abril de 1943, Odette e Peter Churchill foram presos em um hotel em Saint-Jorioz, no sudeste da França, e levados para a prisão de Fresnes.

> ODETTE FOI SUBMETIDA A INTERROGATÓRIO E TORTURA BRUTAL PELA GESTAPO, MAS SE MANTEVE FIEL A SUA FALSA HISTÓRIA.

Odette foi submetida a interrogatório e tortura brutal pela Gestapo, mas se manteve fiel a sua falsa história. Ela foi sentenciada à morte e enviada para o campo de concentração de Ravensbrück. No entanto, quando os Aliados se aproximaram do campo, o comandante alemão decidiu se render e levou Odette consigo até as linhas americanas, na expectativa de que, por ter poupado a vida dela, eles também poupariam a sua.

SONYA OLSCHANEZKY

A família de Sonya Olschanezky mudou-se da Alemanha para Paris, onde ela entrou para uma companhia de teatro. Depois que a França foi invadida, ela foi presa por ser judia e enviada para o campo de deportação de Drancy. Sua mãe conseguiu documentos falsos na Alemanha que levaram à soltura da filha por ser uma cidadã economicamente valiosa. Olschanezky foi apresentada por Jacques Weil ao circuito Juggler da SOE, ligado ao circuito Prosper-Physician. Ela serviu de mensageira e também cooperou em operações de sabotagem, como a explosão de um trem de munições.

Após o colapso do circuito Prosper e a prisão de Francis Suttill, Olschanezky continuou a levar mensagens, assumindo grande risco pessoal. Em 22 de janeiro de 1944, ela foi presa e levada para a prisão de Fresnes. Ela foi uma das quatro agentes da SOE levadas para o campo de concentração de Natzweiler-Struthof, onde foi morta com uma injeção letal.

por Espanha e Portugal. Na Inglaterra, se uniu à Woman's Auxiliary Air Force (Força Aérea Auxiliar Feminina), WAAF, pela qual conheceu alguns oficiais da SOE.

Em 18 de março de 1943, Rowden foi designada para a Inteligência Aérea 10, parte da SOE, e começou o treinamento em operações especiais. Na noite de 16 de junho, um Lysander a deixou próximo a Angers, na França, de onde ela partiu para uma área ao sul de Dijon. Lá ela deveria encontrar John Starr e integrar a equipe do circuito Acrobat. O operador de rádio, ou pianista, como era conhecido, era um escocês chamado John Young. Como Young tinha um sotaque muito característico, Rowden o acompanhava e fazia a parte falada do processo.

Starr foi traído por um agente duplo e preso, com isso Rowden e Young ficaram expostos. Eles se mudaram para uma casa em Lons-le-Saunier, onde uma família assumiu o risco de escondê-los. Em novembro receberam notícias de Londres de que um novo agente se uniria a eles. Esse agente, codinome Benoit, chegou com uma carta da esposa de Young. Na tarde daquele mesmo dia, a polícia militar alemã arrombou a casa e prendeu Rowden e Young.

Rowden foi levada para o quartel-general da Gestapo na Avenida Foch e depois para a prisão de Fresnes, para a prisão de Karlsruhe e por fim para o campo de concentração de Natzweiler-Struthof, onde foi executada.

Abaixo: Odette Sansom, posteriormente Odette Churchill, foi uma das agentes femininas mais famosas da SOE. Sobreviveu ao interrogatório nazista e ao campo de concentração de Ravensbrück.

Tempos mais tarde, na guerra, ela foi enviada de paraquedas para o sul da França, a fim de se unir ao circuito Jockey.

VERA LEIGH

Embora nascida em Leeds, Inglaterra, os pais adotivos de Vera Leigh eram donos de uma pista de corrida perto de Paris, onde ela abriu um negócio de costura de alto nível. Após a ocupação, ela atravessou os Montes Pireneus, foi até a Espanha e de lá foi para a Inglaterra passando por Gibraltar, onde se uniu à FANY. Leigh (codinome Simone) chegou perto de Tours, na França, na noite de 13 de maio de 1943. Ela era a mensageira do circuito Inventor, intimamente ligado ao circuito Prosper-Physician. Sua prioridade imediata era ir até Paris para contactar o chefe do circuito Donkeyman, Henry Frager.

Vera se mudou para um apartamento no 16º Distrito e descobriu que Paris estava praticamente inalterada em sua superfície. Isso deve ter feito com que baixasse a guarda, pois até foi ao cabeleireiro que costumava frequentar antes da guerra, o que pode ter revelado sua verdadeira identidade. Em 30 de outubro, Vera foi presa em um café em Place de Termes, onde costumava se encontrar com outros agentes, e levada para a prisão de Fresnes. Mais tarde, foi transportada para a prisão de Karlsruhe, na Alemanha, e em 6 de julho de 1944 foi transferida para Natzweiler-Struthof, onde foi executada com outras três agentes da SOE.

DIANA ROWDEN

Embora fosse inglesa, Diana Rowden passou boa parte da infância na França. Mais tarde, tornou-se aluna da Universidade Sorbonne, em Paris. No início da guerra, Rowden se voluntariou para a Cruz Vermelha Francesa; quando a França foi invadida, ela voltou para a Inglaterra passando

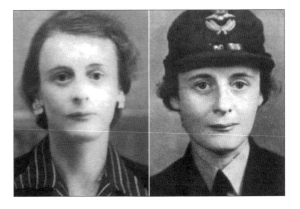

Abaixo: Diana Rowden trabalhava para o circuito Acrobat da SOE antes de ser presa e posteriormente executada no campo de concentração de Natzweiler-Struthof.

Acima: Krystyna Skarbek, também conhecida como Christine Granville, ajudou a convencer a SOE do valor de agentes femininas.

à França como agente da SOE em fevereiro de 1944, Yeo-Thomas, chamado pelos alemães de Coelho Branco, foi traído e enviado para o campo de concentração de Buchenwald e Stalag XX-B.

Agentes Femininas da SOE

A decisão do Gabinete de Guerra de permitir que a SOE empregasse mulheres em papéis ativos no campo em vez de restringi-las a tarefas de administração e codificação na Inglaterra foi muito importante. Isso significou que as mulheres deveriam passar pelo mesmo treinamento rigoroso que os homens, sendo expostas à plena força da Inteligência nazista e sua máquina de interrogatórios, seguida de quase inevitável aprisionamento e execução. O fato de serem membros de organizações como a FANY deu às agentes femininas um conveniente disfarce, já que ninguém saberia que seu treinamento fora além do habitual papel de suporte. O chefe de recrutamento da SOE, Selwyn Jepson, disse o seguinte sobre as agentes mulheres: "A meu ver, as mulheres são muito melhores para este trabalho do que os homens. Como já devem saber, as mulheres têm muito mais capacidade de serem corajosas quando sozinhas do que os homens".

MARIA KRYSTYNA JANINA SKARBEK (CHRISTINE GRANVILLE)
Skarbek já era membro da SOE e provara quão efetivas as agentes femininas poderiam ser. Ela voltou à Polônia passando pela Hungria, onde ajudou a organizar mensageiros e também forneceu importante informações da Inteligência sobre os suprimentos de petróleo alemães da Romênia.

Farrier, até mesmo permitindo que lessem mensagens pessoais trocadas entre os agentes e suas esposas e outros entes queridos na Inglaterra. A informação supostamente foi utilizada pelos interrogadores alemães quando os agentes foram capturados.

O COELHO BRANCO

Forest Frederick Edward Yeo-Thomas foi um dos principais agentes da SOE na França, ligado ao circuito Asymptote. Tendo trabalhado como elo com o BCRA francês, Yeo-Thomas foi enviado à França de paraquedas em 25 de fevereiro de 1943. Sua preocupação com o pouco suporte e equipamento que a Resistência francesa estava recebendo o levou a solicitar um encontro pessoal com Winston Churchill em seu retorno à Inglaterra. Como resultado do encontro, Churchill prometeu aumentar o suporte. Numa segunda visita

Abaixo: Yeo-Thomas segura um coelho branco de pelúcia, uma referência ao nome pelo qual era chamado pela Gestapo durante seu trabalho para a SOE na França.

aliados em noites de lua cheia e eram enviadas centenas de caixas contendo armas e suprimentos a serem transportados para esconderijos por homens e mulheres em carroças puxadas por cavalos. Houve uma atmosfera otimista quando agentes e membros da Resistência previram que em breve haveria uma invasão dos aliados, antes da inevitável reação alemã. No entanto, eles estavam errados.

A POLÍCIA ALEMÃ HAVIA RASTREADO SUTTILL E SEUS COMPANHEIROS DEPOIS DE CAPTURAR PIERRE CULIOLI.

Em abril de 1943, as irmãs Tambour, com quem Andrée Borrel fizera o primeiro contato em Paris, foram presas e levadas para a prisão de Fresnes. De lá eram levadas todos os dias para a Avenida Foch para serem interrogadas pela Inteligência alemã nazista, a *Sicherheitsdienst* [SD, Departamento de Segurança]. Com seu espírito galante, Suttill tentou duas vezes resgatar as irmãs Tambour, a primeira vez através de suborno e a segunda arranjando para que fossem trazidas para se encontrar com ele e Gilbert Norman em um local já determinado. Foram medidas ingênuas e por pouco Suttill e Norman não foram pegos pela polícia alemã.

Em 23 de junho, Andrée Borrel e Gilbert Norman foram presos pela polícia alemã no apartamento de Norman no Bosque de Bolonha. Mais tarde, na mesma noite, Suttill foi preso em uma casa próxima do Porte Saint-Denis. A polícia alemã havia rastreado Suttill e seus companheiros depois de capturar Pierre Culioli, líder do circuito Adolphe da Resistência. Ele tinha o endereço de Archambaud em sua maleta, e Gilbert Norman (codinome Archambaud) tinha informações que poderiam levar os alemães a alguns esconderijos de armas e também à prisão de centenas de agentes e combatentes da Resistência.

Francis Suttill foi enviado para o campo de concentração de Sachsenhausen, onde foi confinado em solitária até ser executado em março de 1945. Andrée Borrel foi enviada para o campo de concentração de Natzweiler-Struthof, onde foi executada em 6 de julho de 1944 por injeção de fenol e cremação enquanto ainda estava viva.

A suposta colaboração de Henri Déricourt com a SD deu aos alemães informações sobre suas próprias operações nos circuitos de codinome da Resistência de várias redes políticas. Em janeiro de 1943, o piloto e agente francês da SOE Henri Déricourt pousou no norte da França com a tarefa de organizar locais para pouso e decolagem de aviões Lysander trazendo e buscando agentes. Déricourt começou a se aproximar significativamente do circuito Prosper, mas mostrou ser uma figura controversa, pois alguns diziam que ele tinha ligações com serviços de Inteligência alemães, outros diziam que era agente da MI6 ["Inteligência Militar, Seção 6", outro nome do OSS, Departamento de Serviços Estratégicos americano].

Em meados de 1943, o circuito Prosper e seus subcircuitos cobriam toda a região norte da França. Havia constante ida e vinda de aviões

Quando o número de operações de sabotagem aumentou e os alemães foram para o sul tentar ocupar a França de Vichy após o desembarque de Torch no Norte da África, a pena após captura tornou-se mais severa. Homens eram executados por ajudar os agentes, ao passo que mulheres eram deportadas para campos de concentração. Apesar do risco crescente, os três membros do circuito Prosper-Physician foram surpreendentemente relapsos quanto à segurança. Frequentemente eram vistos comendo nos mesmos restaurantes, bebendo e jogando pôquer no mesmo café.

As operações de recepção foram um sucesso, com grande quantidade de armas sendo baixada nos campos para ser distribuída entre combatentes

Ao lado: Georges Blind, membro da Resistência francesa, sorri desafiadoramente momentos antes de ser baleado por esquadrão alemão no campo de concentração de Dachau, 1944.

codinome Prosper. Sua mensageira, Andrée Borrel (codinome Denise), da Infantaria de Enfermagem de Primeiros Socorros (FANY) fora trazida a campo por um avião bombardeiro Whitley no mês anterior, a fim de preparar o local para sua chegada. Em novembro, o operador remoto, Gilbert Norman (codinome Archambaud), pousou na França, seguido por outro, Jack Agazarian, em dezembro. Logo, outros subcircuitos foram montados, mas as comunicações remotas com Londres continuaram sendo responsabilidade do circuito Prosper-Physician.

Suttill, que como civil era advogado na Lincoln´s Inn, tinha pai inglês e mãe francesa, e era fluente em ambas as línguas e culturas. Foi descrito por um colega agente como sendo "a ideia exata que se tem de um cavalheiro inglês, refinado, responsável e sempre atencioso". No entanto, de acordo com aqueles que o conheciam, a integridade de Suttill o tornava pouco apropriado para o nefasto mundo da espionagem.

As instruções de Andrée Borrel eram para ir a Paris se encontrar com duas mulheres de nome Tambour e dizer-lhes que ela era "da parte de Charlot". Ela também deveria dizer-lhes que tinha duas amigas que precisavam de acomodação. Após se encontrarem, Borrel e Suttill, fingindo ser irmãos, viajaram pelo norte da França e construíram circuitos. Suttill tinha alta consideração por Borrel, reportando a Baker Street em Londres que ela "partilhou de todos os perigos. Tomou parte no comitê de recepção em dezembro junto comigo e alguns outros. Entende perfeitamente de segurança e mantém uma tranquilidade imperturbável". Partilhar de todos os perigos incluía a participação de Borrel em operações de sabotagem.

Abaixo: Cecily Lefort era escocesa, casada com um francês. Ela entrou para a SOE após servir na WAAF. Foi presa enquanto trabalhava para o circuito Jockey e executada no campo de concentração de Ravensbrück.

Acima: Peter Churchill trabalhou no circuito Spindle com Odette Sansom, com quem posteriormente se casou. Embora não estivesse relacionado a Winston Churchill, seu sobrenome pode ter ajudado a mantê-lo vivo durante o aprisionamento.

[polícia secreta nazista] em setembro de 1943. Apesar de ela passar por interrogatório e tortura, o circuito Jockey sobreviveu.

Pouco depois da chegada de Xan Fielding, ele e Cammaerts foram presos em um bloqueio de rua em 13 de agosto de 1944. Havia um erro nos documentos falsificados de Fielding, além do fato de ele estar carregando alta quantia de dinheiro em cédulas bancárias com numeração consecutiva. Após serem levados sob custódia, Krystyna Skarbek se levantou e exigiu a libertação deles, dizendo aos policiais que ela era sobrinha do general Montgomery e que prenderia todos eles quando as forças aliadas avançassem.

WHEELWRIGHT

Com base em Bordeaux, Toulouse e nos Montes Pireneus, o circuito Wheelwright estava a cargo do agente da SOE George Starr, codinome Hilaire. Seu irmão John também era agente da SOE. O circuito Wheelwright recebeu a missão de criar o máximo de perturbação para as forças alemãs, tanto nos dias que antecederam o Dia D como após o desembarque na Normandia. Em particular, eles atrapalharam a Segunda Divisão Panzer *Das Reich*, que se movia para o norte a fim de reforçar as tropas alemãs na Normandia.

PROSPER-PHYSICIAN

Prosper era o codinome do major Francis Suttill, do Regimento de Surrey do Leste. Ele pousou de paraquedas na França em 1º de outubro de 1942 para montar o circuito Physician, que ficou mais conhecido pelo

Após retornar à Inglaterra, sua segunda missão foi outra inserção por submarino no sul da França, acompanhado de quatro agentes.

Em 27 de agosto de 1942, Churchill desceu de paraquedas na França, antes de viajar para Cannes para montar o circuito Spindle. Ele e Odette Sansom iniciaram um relacionamento, mas foram capturados depois que a *Abwehr* [serviço de Inteligência] alemã infiltrou o circuito. Ambos foram interrogados e sentenciados à morte, mas sobreviveram à guerra.

JOCKEY

O circuito Jockey foi montado pelo agente da SOE Francis Cammaerts, na região de Saboia. Era composto por Krystyna Skarbek (Christine Granville), Xan Fielding e Cecily Lefort. Cammaerts voou para a França em março de 1943 a fim de se juntar ao circuito Donkeyman, mas era cauteloso em relação às questões de segurança. O circuito Donkeyman logo foi infiltrado pela *Abwehr*. Cammaerts ficou responsável por selecionar membros confiáveis para o novo circuito Jockey.

Acima: O agente da SOE Brian Stonehouse, do circuito Detective, foi uma importante testemunha das últimas horas de vida das quatro agentes da SOE assassinadas no campo de concentração de Natzweiler-Struthof.

O circuito Jockey dava suporte aos Maquis na região do Vercors e teve importante papel nas operações de sabotagem que se seguiram ao desembarque dos Aliados na Normandia (Operação Overlord) e no sul da França (Operação Dragoon). Cecily Lefort foi presa pela Gestapo

mensagens de outros grupos e obtendo informações sobre os movimentos inimigos.

AUTOGIRO

O circuito Autogiro, com base em Châteauroux, na França central, foi montado por Georges Begue e Pierre de Vomecourt. Begue, que fugira para a Inglaterra durante as evacuações em Dunquerque, foi o primeiro agente da SOE a ser lançado de paraquedas na França em 5 de maio de 1941. Ele recebeu o crédito pela ideia de usar a rádio BBC para enviar mensagens codificadas que a Resistência pudesse compreender.

Em 24 de outubro de 1941, Begue foi preso em Marselha, mas conseguiu escapar em julho de 1942. Ele fugiu pela região dos Montes Pireneus e, após ser preso pelos espanhóis, voltou à Inglaterra em outubro de 1942.

DETECTIVE

O circuito Detective foi montado por Brian Stonehouse próximo a Tours. Stonehouse era artista, fluente em francês e foi lançado de paraquedas na França em 1º de julho de 1943. Não era muito bom com comunicação remota e costumava produzir muitas mensagens indecifráveis em seus códigos. Seu hábito de transmitir por longos períodos acabou fazendo com que fosse descoberto por uma unidade alemã de detecção de sinais em 24 de outubro de 1941.

Após passar por interrogatório na prisão de Fresnes, Stonehouse foi enviado para o campo de concentração de Natzweiler-Struthof, onde testemunhou a chegada e execução de quatro agentes femininas da SOE: Andrée Borrel, Vera Leigh, Diana Rowden e Sonya Olschanezky. Mais tarde, foi testemunha no Tribunal de Crimes de Guerra de Nuremberg.

SPINDLE

O circuito Spindle da SOE foi montado no sul da França, próximo a Cannes, por Peter Churchill, Odette Sansom e André Girard. Churchill foi enviado para a França em operações da SOE em quatro ocasiões. Em dezembro de 1941, chegou ao sul da França por submarino, a fim de ajudar a coordenar as atividades junto à Resistência na França de Vichy.

Abaixo: Rádio Londres, o programa francês da Rádio BBC, era transmitido para a França ocupada pelos nazistas. Os nazistas puniam todos que fossem pegos ouvindo o programa. Geralmente também eram transmitidas mensagens codificadas para a Resistência.

De modo geral, cada circuito era composto de três pessoas. O primeiro era o líder do circuito, responsável pelo recrutamento e pela organização das atividades. O segundo era o operador remoto, às vezes chamado de "pianista", responsável por manter contato com Londres. Isso significava que ele precisava saber código Morse e as cifras relevantes para enviar as mensagens. Como os sinais remotos eram sempre passíveis de detecção por equipes de busca alemãs, os operadores remotos logo aprendiam a não enviar sinais mais de duas vezes de um mesmo local, além de manter suas transmissões o mais curtas possível. O terceiro membro da equipe era o mensageiro. Seu trabalho era estar sempre em movimento, levando e trazendo

WESTLAND LYSANDER

Este Monoplano de asas no topo originalmente foi projetado para reconhecimento de campo de batalha, mas foi considerado ideal para operações secretas. Tinha excelentes características de rápida decolagem e pouso (STOL, *short take-off and landing*), tornando-o ideal para pouso em campos ou áreas improvisadas a fim de buscar e deixar agentes, ou resgatar pilotos aliados abatidos. Para tornar o acesso o mais rápido possível, uma escada fixa dava diretamente no compartimento de trás do avião. A aeronave também tinha um grande tanque para descarga.

O piloto do Lysander era responsável pela navegação e os voos invariavelmente ocorriam em noite de lua cheia ou perto dela. Embora a aeronave houvesse sido projetada para levar apenas um passageiro, em caso de emergência dois poderiam caber apertadamente ali. Sua velocidade de cruzeiro era de 265 km/h e cobria em média 965 km, ampliados para 1.448 km se houvesse um tanque de descarga. Quando a lua estava na fase certa, os Lysanders voavam de Tempsford para Tangmere, perto de Chichester, de onde partiam as missões.

O piloto do Lysander recebia fotografias aéreas da Unidade de Reconhecimento Fotográfico da RAF, destacando detalhes como a altura das árvores na região de pouso. O piloto tinha de prestar atenção a certos pontos até chegar à área de pouso, onde o agente em campo iria lhe enviar sinal por código Morse. A área de pouso estaria marcada com um L e, antes de permitir que o passageiro subisse a bordo, o avião pousaria, daria a volta rapidamente e só então partiria.

Ao lado: Tripulação de base prepara uma caixa com paraquedas para um Westland Lysander da RAF.

Acima: Pilotos e equipe de base do Esquadrão 161 em frente a um Westland Lysander na base Tangmere da RAF, em Sussex.

solo da região era cheio de pântanos. A princípio, o Esquadrão 138 da RAF tinha três bombardeiros Halifax de quatro motores; em 1943, esse número subiu para vinte. Também havia dois bombardeiros Wellington e um Lockheed Hudson. O Esquadrão 161 da RAF era amplamente equipado com Westland Lysanders, cuja missão era pousar em território inimigo para deixar e buscar agentes.

Circuitos da SOE
SEÇÃO F

Houve mais de 50 circuitos da Seção F da SOE na França, em diferentes épocas. Havia o circuito Prosper, que ia da Bretanha Francesa até a fronteira com a Bélgica; o Juggler, em Ardenas; o Spiritualist, o Inventor e o Phono na região de Paris; o Autogiro, na Normandia; o Donkeyman e o Acrobat na região da Borgonha; o Spindle, na Alta Saboia; o Jockey, em Costa Azul; o Wheelwright, na Gasconha; e o Scientist ao longo da costa oeste da França.

Conforme os desembarques do Dia D continuavam, a Segunda Divisão Panzer *Das Reich* da SS[7] começou a se mover para o norte, a fim de reforçar as defesas alemãs. Para retardar seu movimento, Macpherson e

> ELES DIRIGIAM RAPIDAMENTE DOIS AUTOMÓVEIS CITROËN EM OPERAÇÕES-RELÂMPAGO.

a equipe Quinine derrubaram árvores na estrada. Os alemães tiveram de trazer tanques escavadores para removê-las, o que levou cerca de três horas. Mais adiante na estrada, Macpherson colocou minas antitanque próximas às árvores caídas, para que os tanques escavadores ficassem incapacitados. Intervenções como essa foram repetidas por diferentes equipes Jed por toda a França, causando considerável retardo aos reforços alemães e dando aos aliados preciosos 10 dias para estabelecer suas cabeças de ponte.

As equipes Jedburgh frequentemente sincronizavam suas atividades com o SAS britânico, grupos operacionais americanos e outros. Seis equipes Jed pousaram na Bretanha Francesa em junho de 1944, e sete em outras áreas da França. Em agosto, outras 79 equipes já tinham pousado, enquanto os Aliados se moviam para o sul e para o leste a partir da cabeça de ponte da Normandia.

UNIDADE DE SABOTAGEM CHANCELLOR

George Millar, codinome Emile, pousou de paraquedas próximo a Besancon, no sul da França, em 1º de junho de 1944 para trabalhar novamente com os Maquis. A área era conhecida por ele desde que escapara de um trem de prisioneiros de guerra na Itália e depois partiu para Lyons. Millar ajudou a organizar os Maquis para executarem várias operações de sabotagem contra ferrovias e outras infraestruturas.

Aeronaves

Os esquadrões 138 e 161 da RAF, com base em Tempsford, proviam transporte para operações especiais. As pistas de decolagem eram boas, mas o

---

7 N. T.: SS é a abreviação do termo alemão *Schutzstaffel*: "Esquadrão de Proteção". Era a principal organização paramilitar nazista de segurança, vigilância e terror. *Panzer* (em alemão: "tanques") era uma das divisões motorizadas.

permitia pedir ressuprimento aéreo de armas, munição e outros equipamentos. Na equipe Quinine, o operador de rádio era membro do Royal Tank Regiment (Regimento Real de Tanques), treinado em alto nível em técnicas de sinalização. O outro membro era um tenente francês chamado Michel de Bourbon.

Para aumentar a moral da equipe e causar impacto, Macpherson organizou a sabotagem de uma ponte ferroviária logo na primeira noite após sua chegada. Ele espalhou a equipe, fazendo preparativos com grupos locais que tinham diferentes objetivos políticos. Eles dirigiam rapidamente dois automóveis Citroën em operações-relâmpago. A maioria das operações envolvia sabotagem de trilhos, mas a equipe também cortava fios telefônicos e atacava veículos de comunicação alemães quando podia, além de torres de transmissão elétrica.

Abaixo: Tropas britânicas desembarcam usando rampas nas praias da Normandia no Dia D. Em destaque, uma motocicleta portátil Excelsior Welbike feita para a SOE é levada para a praia.

Acima: Uma equipe da SOE se despede da equipe de apoio em Milton Hall antes de partir em missão na Europa ocupada.

Francesa, as quais causaram tanta interferência nas ligações ferroviárias que toda movimentação alemã precisou ser rodoviária. Os alemães também tiveram de realocar tropas para lidar com os centros de Resistência, permitindo que as forças aliadas tivessem mais espaço para manobra.

EQUIPE JED QUININE
Em 8 de julho de 1944, a equipe Quinine pousou perto de Aurillac, no sul da França. Um dos membros da equipe era o major Thomas Macpherson, dos *Cameron Highlanders*, que causou certo alvoroço ao saltar de *kilt*[5]. Macpherson fora treinado no Milton Hall na Inglaterra junto com agentes do OSS americano e membros das forças da França Livre. Em seguida, a equipe foi levada para Algiers, para dar continuidade ao treinamento intensivo nas montanhas.

Macpherson sabia que não seria capaz de medir forças com os Maquis[6] locais, que estariam mais preocupados com suas qualidades pessoais de liderança. A principal arma que a equipe Jed tinha era seu rádio, que

---
5 N. T.: *kilt* é a tradicional saia utilizada por homens escoceses.
6 N. T.: Maquis eram um dos grupos de Resistência francesa, abordados no Capítulo 3.

EQUIPE JED HUGH

Abaixo: Agentes Jedburgh britânicos e americanos recebem orientações de um oficial instrutor em apartamento em Londres, 1944.

A equipe Hugh voou da base aérea Tempsford da RAF, em Bedfordshire, e saltou perto de Châteauroux, no centro da França, em 6 de junho de 1944, junto com uma equipe do Special Air Services, SAS, (Serviço Aéreo Especial) britânico. Seu contato em campo era um agente da Seção F responsável pelo circuito Shipwright. Havia 14 equipes Jed na Bretanha

DISPOSITIVOS E EQUIPAMENTOS DE SABOTAGEM DA SOE

PLÁSTICO EXPLOSIVO

Desenvolvido para ser usado pela SOE, o plástico explosivo era altamente adaptável e relativamente seguro de usar. Podia ser moldado para inúmeras tarefas e acionado com um detonador.

CANETA DETONADORA

A caneta detonadora, ou detonador com temporizador, foi feita para ser ligada a um detonador e poderia ser configurada para vários intervalos de tempo, a fim de permitir que o operador saísse da área. Numa ponta da caneta havia um frasco de vidro com cloreto cuproso. No meio, havia um detonador numa mola mantida sob pressão por um fio. Ao pressionar o detonador, o frasco de vidro seria quebrado, o líquido escorreria e gradualmente corroeria o fio retentor até que se rompesse e liberasse a mola detonadora, que acionaria a tampa de percussão.

CALTROPS

Também chamados de *estrepes*, eram dispositivos simples, porém eficazes. Compostos de quatro pontas de metal unidas [três de apoio e uma sempre apontando para cima], podiam ser espalhados numa rodovia e furar pneus de veículos.

S-PHONE

Este era um sistema de rádio-telefone que permitia ao agente em campo se comunicar diretamente com uma aeronave logo acima dele, a fim de coordenar a entrega de agentes e suprimentos. O sinal do rádio alcançava cerca de 3 km e era difícil ser detectado por estações de monitoramento inimigas. Assim como o sistema Joan-Eleanor (J-E) usado pelo OSS, o *s-phone* possibilitava comunicação de voz sem necessidade de decodificação.

MALETA TRANSMISSORA TYPE 3 MARK II (B2)

Criado pelo capitão John Brown na Estação IX da SOE, esse era o rádio mais usado para comunicação entre os operadores da SOE. Foi inicialmente construído como uma maleta de couro marrom-avermelhada, mas outras cores e tipos foram introduzidos para evitar suspeitas. A unidade consistia em três partes principais: receptor (RX), transmissor (TX) e unidade de suprimento de energia (PSU), além de uma caixa para peças e acessórios sobressalentes.

Operação Jedburgh

A Operação Jedburgh foi uma iniciativa conjunta envolvendo a SOE, o OSS americano e o Bureau Central de Renseignements et d'Action, BCRA (Agência Central de Informação e Ação) da França Livre. Embora as operações Jedburgh originalmente tivessem sido ideia britânica, o comandante general supremo aliado, Eisenhower, colocou o general francês Koenig a cargo da operação.

O objetivo da Operação Jedburgh era causar perturbação durante e após a Operação Overlord (o desembarque aliado no Dia D). Apesar da SOE estar conduzindo operações na França já há alguns anos antes do Dia D, a Operação Jedburgh deu acesso a recursos americanos para montar operações numa escala muito mais ampla.

A diferença entre essa operação e as anteriores da SOE foi que as equipes Jedburgh usavam uniformes militares e trabalhavam abertamente com a Resistência local a fim de subverter o inimigo. Os "Jeds" também andavam bem mais equipados do que os agentes secretos, que usavam disfarces civis. Um Jed típico carregava uma arma, uma faca de combate, mapas e bússolas, *kits* de escape e evasão, além de cristais reserva para o equipamento de rádio. Também recebiam, por paraquedas, caixas contendo armas e outros suprimentos a serem distribuídos entre a equipe e a Resistência. A equipe poderia levar cerca de 150 mil francos franceses.

As operações Jedburgh foram divididas na três categorias principais a seguir.

1. Destruição das ligações ferroviárias a fim de impedir o movimento de reforços e suprimentos alemães.

2. Emboscadas nas estradas, para retardar e impedir o movimento de reforços alemães em direção às "cabeças de praia"[4] dos Aliados.

3. Interrupção das comunicações militares alemãs, atacando fios telefônicos e outros sistemas.

---

4 N. T.: "Cabeças de praia" ou "cabeças de ponte" (em inglês: *beachhead* e *bridgehead*) são posições tomadas do inimigo em certo território, a partir do qual a tropa que a defende pode receber desembarques, lançar um novo ataque e avançar.

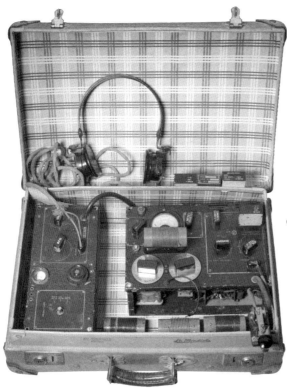

Acima: A maleta transmissora britânica Type III Mk II, mais conhecida como B2, era o *kit* de rádio padrão da SOE.

Os candidatos recebiam aulas de técnicas de demolição com explosivos potentes, bem como treinamento em métodos mais simples de sabotagem, como destruir maquinário fabril com um martelo pesado. Outros treinamentos incluíam emboscadas, entrada forçada em casas e sabotagem de trilhos. Uma vez concluído este treinamento intensivo, os candidatos eram transferidos para a Mansão Beaulieu, em New Forest, onde aprenderiam com mais profundidade a maneira que estava organizado o país ocupado e onde havia maior perigo. Na França de Vichy, por exemplo, a maior ameaça era da Milícia, ao passo que a *gendarmerie*[3] local poderia ser amistosa.

Resistência a interrogatórios era outro aspecto vital do treinamento. Os candidatos aprendiam como agir por conta própria e evitar armadilhas inesperadas preparadas por policiais suspeitos. Os agentes aprendiam que quanto mais informação revelassem sobre si mesmos, mais provavelmente seriam pegos. Aprendiam também a ficar alertas com pessoas que os pudessem estar seguindo e despistá-las sem se deixar denunciar pelo fato de estar tentando fugir.

---

3 N. T.: *gendarmerie* (do francês: "civis armados") eram militares responsáveis por manter a ordem entre os civis de uma dada região, agindo como polícia militar nos territórios ocupados e não como um exército combatendo nas linhas de frente. Para explicações sobre o que era a *França de Vichy,* ver páginas 69, 89 e o Cap. 3.

avaliados quanto aos momentos em que estivessem de guarda baixa, como ao beber e relaxar no bar. Os instrutores do curso observavam seu comportamento após ingerir alguns goles de álcool. Em Arisaig, o treinamento era dado por William Fairbairn e Eric Sykes, que aprenderam sua arte no difícil contexto da Polícia de Shangai.

Os recrutas que já houvessem tido treinamento militar teriam de desaprender algumas de suas habilidades a fim de se adaptar às diferentes necessidades de um agente. Um exemplo era o treinamento com armas de fogo, os métodos convencionais de segurar e mirar com um revólver eram substituídos por um estilo mais instintivo de atirar sem mirar. Os agentes aprendiam a atirar duas vezes (o *double tap*) e também a sacar uma arma rapidamente de um bolso ou bolsa. O treinamento em armas incluía as submetralhadoras Bren, Vickers e a alemã Schmeisser MP40. O treinamento incluía não apenas atirar com essas armas, mas desmontar, limpar e recarregá-las. Parte do propósito do treinamento era descobrir candidatos fracos a serem eliminados do curso.

Abaixo: Agentes da SOE em treinamento de canoagem na Escócia.

ARMAS DA SOE

SUBMETRALHADORA STEN (STEN GUN)

A Sten Gun tinha um *design* simples e robusto, leve de carregar e de manutenção fácil. Podia ser desmontada em três partes – cano, cilindro e coronha – e facilmente remontada. Era uma arma eficaz a curtas distâncias e que podia ser usada tanto para tiros individuais quanto no modo automático. O lado negativo é que a Sten era propensa a quebrar ou a atirar acidentalmente.

REVÓLVER BALLESTER-MOLINA

Baseado no famoso Colt M1911A1, o revólver Ballester-Molina foi produzido para os agentes da SOE por ser confiável e eficaz, e por não ser identificável como uma arma britânica.

Acima: O revólver Welrod foi projetado para ser prático e fácil de esconder.

REVÓLVER WELROD

Para tiros individuais, o Welrod era um revólver de assalto feito especificamente para ser usado por agentes secretos. Foi usado tanto pela SOE como pelo OSS. Próprio para tiros de curta distância, era bastante silencioso quando disparado. Seu *design* simples era composto de um cano com cilindro e silenciador, com o cartucho servindo de empunhadura. Removendo-se o cartucho, o cano era facilmente escondido na perna da calça.

FACA DE COMBATE FAIRBAIRN-SYKES

Esta faca de combate *stiletto* de dois gumes foi produzida para agentes da SOE e do OSS e era uma arma padrão para comandos britânicos, canadenses, australianos, holandeses e belgas, além dos americanos. A faca FS foi feita para ser efetiva em combate corpo a corpo em operações secretas.

Ao lado: Sargento do Regimento de Paraquedas com uma submetralhadora Sten.

Acima: Agentes da SOE interceptam um motociclista "inimigo" durante treinamento. Trabalhar juntos durante os exercícios ajudava a construir confiança entre as equipes Jedburgh.

militares, como porte de armas e combate não armado. Todos os novos candidatos eram cuidadosamente avaliados para testar suas habilidades linguísticas, suas motivações e personalidade. Um agente da SOE precisava ter coragem para trabalhar em um país ocupado, mas também precisava ser paciente e capaz de planejar com cuidado. Mulheres geralmente eram recrutadas da First Aid Nursing Yeomanry (Infantaria de Enfermagem de Primeiros Socorros), FANY. Muitas delas tinham o papel vital de operar dispositivos de rádio, codificando e decodificando mensagens de agentes em campo.

TREINAMENTO

Havia vários tipos de estabelecimentos de treinamento para agentes da SOE: a Mansão Wanborough, próxima a Guildford, que provia treinamento inicial; a Arisaig, na Escócia, para treinamento de comandos, combate armado e não armado; e a base Ringway da Real Força Aérea (RAF) britânica, para treinamento com paraquedas. Em Wanborough, o treinamento básico abrangia condicionamento físico e habilidades de aprendizagem, como leitura de mapas. Os candidatos também eram atentamente

Abaixo: "Seus nomes gravados com orgulho". O memorial da SOE próximo à Lambert Bridge, em Londres, homenageia todos os agentes da SOE que serviram na Europa ocupada. No topo, um busto de Violette Szabo, agente da SOE.

diferentes seções não compartilhavam informações entre si. A fim de preservar o anonimato de seus agentes, a SOE precisava ser cautelosa no recrutamento. Um dos métodos para encontrar recrutas adequados era descobrir membros das forças armadas que falassem outras línguas.

Muitos recrutas vieram da rede de contatos dos *Old Boys*[2], onde presumia-se que fossem competentes e confiáveis por terem frequentado o tipo certo de escolas e universidades. No entanto, falhas neste sistema mais tarde se tornariam aparentes quando simpatizantes do comunismo educados em universidades como Cambridge e Oxford ingressassem no sistema de Inteligência britânico.

Era um diferencial que um agente da SOE tivesse dupla nacionalidade, porque isso facilitava que passassem despercebidos. Alguns recrutas eram civis e outros vieram de forças combatentes exiladas, agora residentes na Grã-Bretanha, como soldados noruegueses e holandeses. A SOE lançou a rede para reunir pessoas de todas as áreas da vida, incluindo alguns ex-criminosos – para produzir falsificações de alta qualidade, quem melhor do que um profissional? A SOE também apelou para a habilidade de ladrões como consultores sobre como lidar com trancas e outros métodos não convencionais de adentrar locais.

Além disso, a SOE contratou um significativo número de mulheres. Embora muitas fossem contratadas como agentes remotas e mensageiras, muitas também foram selecionadas para continuar o treinamento em habilidades

---

2 N. T.: *Old Boys* (literalmente: "velhos meninos", ou "velha guarda") é nome dado a alunos que cursaram o Ensino Fundamental e Médio em escolas renomadas e tradicionais do Reino Unido e países associados.

experiência relevante para liderar uma organização não convencional que encarava o perigo de frente. Gubbins já tinha liderado uma organização altamente secreta chamada Auxiliary Units (Unidades Auxiliares). Eram forças secretas que se infiltrariam secretamente em partes estratégicas da Inglaterra no caso de invasões alemãs. Assim como a SOE, sua missão era causar perturbação às forças inimigas.

Gubbins recebera uma Cruz Militar na Primeira Guerra Mundial por resgatar soldados sob fogo. Depois da guerra, serviu na Irlanda, onde teve contato com os métodos não convencionais usados por criminosos irlandeses. No início da Segunda Guerra Mundial, Gubbins comandou tropas na Noruega, onde testemunhou em primeira mão os efeitos da *blitzkrieg*[1] alemã. Era o tipo de comandante que não pediria que seus homens fizessem nada que ele mesmo não estivesse disposto a fazer. Também teve a firmeza necessária para suportar a desconfiança e os ciúmes que a nova organização despertou em Whitehall (sede do governo britânico) e em outras agências de Inteligência.

Abaixo: O brigadeiro Gubbins foi o formidável líder responsável pela SOE do início ao fim da guerra.

RECRUTAMENTO

O departamento de Operações Ativas da SOE foi dividido em várias seções, cada uma cobrindo diferentes países, por exemplo: Seção F, França; Seção N, Holanda; Seção T, Bélgica. Para preservar a segurança, as

---

[1] N. T.: *blitzkrieg* (do alemão, "guerra-relâmpago"). Foi o estilo típico de guerra alemão na Segunda Guerra Mundial, meio pelo qual vários territórios foram tomados com ataques-surpresa de alta velocidade e poder de fogo, o que gerava desespero e desorganização das tropas locais, facilitando a conquista.

Acima: O magnata jornalista canadense Sir Campbell Stuart dirigiu algumas das primeiras operações britânicas de propaganda.

Primeira e a Segunda Guerra Mundial.

O chefe do British Secret Intelligence Service (Serviço de Inteligência Secreta britânico), SIS, almirante Sinclair, designou o major Grand para investigar o potencial benefício de batalhas não convencionais, como propaganda enganosa e sabotagem, para infiltração e subversão do inimigo. Os métodos levariam em conta a necessidade de usar forças aliadas já em campo, como os combatentes da Resistência. E assim surgiu a Seção D.

MILITARY INTELLIGENCE RESEARCH, MIR (PESQUISA DE INTELIGÊNCIA MILITAR)

Outro oficial britânico, J. C. F. Holland, também estava estudando o potencial de combate estilo guerrilha. Holland havia passado um tempo no Oriente Médio na época em que T. E. Lawrence liderara a bem-sucedida Revolta Árabe. Holland trabalhou com Grand preparando um projeto de comando sênior de uma unidade que abrangeria todas essas atividades e, em 23 de março de 1939, surgiu a SOE, um conjunto de três departamentos principais: a SO1 (Propaganda), SO2 (Operações Ativas) e SO3 (Planejamento). A missão da nova organização era "coordenar toda ação de sabotagem e subversão contra o inimigo além-mar". Ou, como diria Winston Churchill, "colocar a Europa em chamas". Uma das unidades ficou sob responsabilidade do magnata jornalista Sir Campbell Stuart, com o objetivo de investigar o potencial uso de propaganda durante um conflito militar.

COLIN GUBBINS

O novo chefe da SOE passou a ser o brigadeiro Colin Gubbins. Escocês rígido e sem rodeios, Gubbins tinha tanto a personalidade certa como a

1

REINO UNIDO

Operações secretas britânicas de autoria da Special Operations Executive (SOE) ou do Secret Intelligence Service (SIS) se estenderam por toda a Europa e Extremo Oriente, frequentemente colaborando com movimentos da Resistência local e *partisans*.

APÓS A retirada da British Expeditionary Force (Força Expedicionária Britânica), BEF, da França e da Bélgica devido ao massacre alemão nos Países Baixos e na França, cerca de 338 mil tropas aliadas foram evacuadas de Dunquerque (França), incluindo 100 mil soldados franceses. O Reino Unido perdeu, nessa última campanha, cerca de 68 mil homens, mortos ou feridos.

Durante a Batalha da Grã-Bretanha, a Europa Continental estava sob cerco alemão. Tendo de aguardar o reagrupamento e equipamento do Exército Britânico, a única forma que os britânicos e seus Aliados tinham de influenciar os acontecimentos nos países ocupados era por meio de operações especiais.

Special Executive Operations (SOE)

A SOE (Executiva de Operações Especiais) britânica surgiu durante as crescentes tensões europeias entre a

Na página ao lado: Um agente Jedburgh com equipamento completo. Este soldado parece estar usando a jaqueta aérea britânica Denison, que era camuflada e própria para paraquedistas e pilotos de planadores. Está armado com a carabina americana M1, versão com coronha dobrável.

Sumário

1.	Reino Unido	6
2.	Estados Unidos	46
3.	França	80
4.	Bélgica	110
5.	Holanda	126
6.	Polônia	146
7.	Tchecoslováquia	160
8.	Dinamarca	176
9.	Noruega	188
10.	Itália	206
11.	Bálcãs	216
12.	União Soviética	226
13.	Alemanha	230

Bibliografia	236
Índice Remissivo	236
Créditos de imagens	240

Dados de catalogação na publicação

STILWELL, Alexander
Operações Secretas de Resistência na Segunda Guerra Mundial
– As batalhas clandestinas travadas pelos órgãos de Serviço
Secreto SOE, OSS, Maquis, *partisans* e outros combatentes da
Resistência nos países ocupados / Alexander Stilwell
2022 – São Paulo – M.Books do Brasil Editora Ltda.

1. História Geral   2. Segunda Guerra Mundial   3. Guerras e
Batalhas   4. Resistência na Segunda Guerra Mundial

ISBN: 978-65-5800-098-3

Do original em inglês: Secret Operations of World War II – The
clandestine battle fough across occupied countries by the SOE,
OSS, Maquis, partisans and Resistance fighters
Publicado originalmente por Amber Books Ltd

© 2018 Amber Books Ltd
© 2022 M.Books do Brasil Editora Ltda.

Editor: Milton Mira de Assumpção Filho
Tradução: Thaís Pereira Gomes
Produção Editorial: Gisélia Costa
Diagramação: 3Pontos Apoio Editorial
Capa: Isadora Mira

M.Books do Brasil Editora Ltda.
Todos os direitos reservados.
Proibida a reprodução total ou parcial.
Os infratores serão punidos na forma da lei.

ALEXANDER STILWELL

Operações Secretas de Resistência na Segunda Guerra Mundial

A batalha clandestina travada pelos órgãos de serviço secreto SOE, OSS, Maquis, *partisans* e outros combatentes da Resistência nos países ocupados

M.Books do Brasil Editora Ltda.
Rua Jorge Americano, 61 - Alto da Lapa
05083-130 - São Paulo - SP - Telefone: (11) 3645-0409
www.mbooks.com.br